U0644412

# 中国农村社会事业发展报告

## 2024

农业农村部农村社会事业促进司
农业农村部农村经济研究中心

中国农业出版社
北京

# 编委会成员名单

主 任：吴宏耀

副 主 任：唐 珂 金文成

成 员（按姓氏笔画排序）：

丁 东　王 枞　王小龙　王卉文

毛德智　尹 虓　孔剑君　刘均勇

闫晓东　苏 卡　李邦华　杨 地

杨春华　汪泽英　陈 洁　周 双

周荣峰　赵 莉　赵世新　聂 鑫

郭 鹏　梁玉林　傅 卫　樊卫东

编写组成员：孙秀艳　张灿强　刘 洋　高小军

周 峰　曹子祎　彭 程　卿文博

韩 丽　张静宜　郑庆宇　张哲晰

庞静泊　卢玮楠　韩嘉仪　申 强

吕梦冉　徐莉莉　关贵林　于朝阳

丁 也　吴 磊　谌伟彦　杨 坤

# 前 言 FOREWORD

2023 年是"千村示范、万村整治"工程（简称"千万工程"）实施二十周年。"千万工程"是习近平总书记在浙江工作时亲自谋划、亲自部署、亲自推动的一项重大决策。二十年来，"千万工程"取得了具有历史性、开拓性、引领性的巨大成就，造就了浙江万千美丽乡村，造福了万千农民群众，创造了农业农村现代化的成功经验和实践范例。2023 年中央农村工作会议传达了习近平总书记对"三农"工作的重要指示，强调学习运用"千万工程"经验，因地制宜、分类施策，循序渐进、久久为功，集中力量抓好办成一批群众可感可及的实事，为推进乡村全面振兴、加快建设农业强国提供了根本遵循。

2023 年，各地各部门认真贯彻落实党中央、国务院决策部署，学习运用"千万工程"蕴含的发展理念、工作方法和推进机制，从各地实际和农民需求出发，以让农村基本具备现代生活条件为目标，坚持硬件与软件建设同步进行，建设与管护同步考虑，把公共基础设施建设重点放在农村，推动公共服务向农村延伸，扎实推进文明乡风建设，加强改进乡村治理，不断增强广大农民群众的获得感、幸福感、安全感。

　　2024 年，农业农村部农村社会事业促进司组织农村经济研究中心继续开展农村社会事业发展状况评价研究，编写农村社会事业发展报告。为保持报告的稳定性和连续性，今年的报告总体上延续上年的体例，分为总报告、专题报告和省级报告三个部分。第一部分是总报告，对 2023 年农村社会事业发展的新举措、新成效、新挑战和新趋向进行了概括分析。第二部分是专题报告，分农村教育、医疗卫生、社会保障、文化体育、基础设施（人居环境）、乡村治理六个专题，详细论述 2023 年的发展情况。分报告设置与上年相比变化较大，主要有两点考虑：一是基础设施建设和人居环境整治提升工作有交叉，将基础设施和人居环境整治提升的相关内容合为一个专题；二是乡村治理是实现农村社会事业各领域健康发展的基础支撑，增设乡村治理专题报告，持续优化农村社会事业的内容和边界。第三部分是省级报告，推出黑龙江、河南、贵州三地推动农村社会事业发展的实践探索。这三个部分力图从不同维度、不同视角反映我国农村社会事业发展情况。为方便交流、促进工作，现将这些成果编辑出版，以飨读者，内容中难免存在疏漏之处，请读者批评指正。

编者

2024 年 12 月

# 目 录 CONTENTS

# 中国农村社会事业发展报告

2023 年是全面贯彻落实党的二十大精神的开局之年，是改革开放 45 周年。2023 年，国际环境异常复杂，国内改革发展稳定任务艰巨繁重，各地区、各部门坚持农业农村优先发展，锚定建设农业强国目标，推动乡村全面振兴不断取得实质性进展、阶段性成果。

农村公共服务、乡村文化、乡村治理等农村社会事业是推进乡村全面振兴的重要内容，关乎农村现代化的底色和成色。习近平总书记强调，有力有效推进乡村全面振兴，以加快农业农村现代化更好推进中国式现代化建设。加快农村现代化必须以让农村基本具备现代生活条件为目标，不断提升农村基础设施完备度、公共服务便利度、人居环境舒适度，展现乡村文明新气象，实现乡村由表及里、形神兼备的全面提升。

## 一、农村社会事业发展的新举措

2023 年，各地各部门认真贯彻落实党中央决策部署，聚焦重点目标任务，加强统筹协调，强化政策支持，深化务实举措，推动农村社会事业高质量发展。

1

## （一）不断完善农村社会事业的制度体系

2023年2月，《中共中央　国务院关于做好2023年全面推进乡村振兴重点工作的意见》提出扎实推进宜居宜业和美乡村建设，要求加强村庄规划建设，扎实推进农村人居环境整治提升，持续加强乡村基础设施建设，提升基本公共服务能力；强调健全党组织领导的乡村治理体系，要求强化农村基层党组织政治功能和组织功能，提升乡村治理效能，加强农村精神文明建设。同月，中共中央办公厅、国务院办公厅印发《关于进一步深化改革促进乡村医疗卫生体系健康发展的意见》，提出加快县域优质医疗卫生资源扩容和均衡布局，推动重心下移、资源下沉，健全适应乡村特点、优质高效的乡村医疗卫生体系。5月，中共中央办公厅、国务院办公厅公开发布《关于推进基本养老服务体系建设的意见》，提出加快建成覆盖全体老年人、权责清晰、保障适度、可持续的基本养老服务体系。6月，中央财办、中央农办、农业农村部、国家发展改革委联合印发《关于有力有序有效推广浙江"千万工程"经验的指导意见》，立足促进城乡融合发展，推动公共服务向农村延伸、社会事业向农村覆盖，健全全民覆盖、普惠共享、城乡一体的基本公共服务体系。中共中央办公厅、国务院办公厅印发《关于构建优质均衡的基本公共教育服务体系的意见》，要求加快推进国家基本公共服务均等化，构建优质均衡的基本公共教育服务体系。7月，国家发展改革委、教育部、民政部等10部门联合印发《国家基本公共服务标准（2023年版)》，这是自2021年国家基本公共服务标准发布实施以来的首次调整，对部分服务项目进行了"增""提""调"，涉及调整的服务事项共计48项，占总项目数的60%。10月，民政部、国家发展改革委、财政部、农业农村部等11部门联合印发《积极发展老年助餐服务行动方案》，对加强农村地区老年助餐服务进行专门部署。交通运输部印发农村公路建设和养护资金长效保障机制、农村公路数字化信息化建设、农村公路助力共同富裕等系列典型案例集，推广典型经验和做法。12月，农业农村部、国家发展改革委联合推介加强农村教育、医疗、养老等公共服务建设的17个典型案例，发挥示范引领作用。围绕全面推进乡村文化振兴，丰富农民文化生活，加强农村精神文明建设，2023年，文化和旅游部、农业农村部、原国家乡村振兴局举办"大地欢歌"全国乡村文化活动年，规划推出上百项地方特色浓郁、农民喜闻乐见、富有农耕农趣农味的乡村文化体育活动，为共同推进乡村文化建设营造了良好氛围。

## （二）持续加大对农村社会事业的投入

国家继续加大农村社会事业财政投入，带动其他资本投资农村社会事业领域。全国农村公路完成固定资产投资 4 843 亿元，加快完善便捷高效、普惠公平的农村公路网络。落实农村供水工程建设投资 1 471 亿元，完成投资 1 249 亿元，开工建设农村供水工程 22 561 处，完工 20 482 处，全国农村自来水普及率达到 90%，农村规模化供水工程覆盖农村人口比例达到 60%，提升了 1.1 亿农村人口供水保障水平。下达农村电网巩固提升工程中央预算内投资计划 50 亿元，重点支持脱贫地区、边远地区等农村电网薄弱地区，提升农村供电保障能力。中央财政下达资金 61.6 亿元，支持 32.5 万户重点对象实施农村危房改造和农房抗震改造。安排义务教育薄弱环节改善与能力提升补助资金 330 亿元，中央预算内投资 80.45 亿元推进教育强国建设，加快义务教育优质均衡发展。中央财政投入 100 亿元，重点支持改善县域普通高中基本办学条件，加快缩小与城市差距。国家卫生健康委会同财政部安排资金 30.5 亿元，用于支持县医院和乡村医疗卫生机构能力提升，并对乡村振兴重点帮扶县等予以倾斜，将 160 个重点帮扶县补助标准由每年 400 万元提高至 800 万元。全年累计支出农村低保资金约 1 477.7 亿元。国家

3

发展改革委、教育部、民政部、国家卫生健康委联合印发《产粮大县公共服务能力提升行动方案》，提出持续加大对产粮大县公共服务体系建设的投入力度，稳步提升产粮大县公共服务能力。

## （三）巩固拓展义务教育、基本医疗、住房安全、饮水安全、社会保障等方面脱贫攻坚成果

各地各有关部门落实党中央、国务院有关部署，持续巩固拓展脱贫攻坚成果，坚决守住不发生规模性返贫底线。持续巩固控辍保学工作成果，截至 2023 年底，脱贫家庭和防止返贫监测对象家庭义务教育阶段辍学学生等相关问题保持动态清零。围绕巩固提升基本医疗保障成果，持续健全完善防止因病返贫动态监测和帮扶机制，各地对监测对象开展定期摸排、动态管理，持续跟踪患病情况，有针对性落实分类救治等各项健康帮扶措施；持续改善乡村两级医疗卫生机构基础设施和设备条件，采取"固定设施、流动服务"等方式，逐步形成稳定的县域巡回医疗和"县帮乡、乡帮村"的派驻服务机制，保障基本医疗卫生服务全覆盖。截至 2023 年 12 月 31 日，重点监测三类户 739.14 万人，入户核实率 99.95%，累计核实需救治患者 211.97 万人，分类救治率 99.89%，签约率 99.93%，乡村两级医疗卫生服务空白点保持动态清零。经各地医保部门预警推送和相关部门核查认定，全年及时落实医疗救助 33.3 万人。按规定落实资助参保政策，原承担医保扶贫任务的 25 个重点省份通过医疗救助渠道资助 7 308.2 万低收入人口参保，支出 153.8 亿元，纳入监测的农村低收入人口和脱贫人口参保率稳定在 99% 以上。落实落细三重制度保障政策，健全重特大疾病医疗保险和救助制度，原承担医保脱贫任务的 25 个省份，全年三重制度综合保障政策惠及农村低收入人口就医 18 649.8 万人次，帮助减轻医疗费用负担 1 883.5 亿元。强化脱贫人口和防止返贫监测对象住房安全动态监测，农村危房改造稳步推进；加强农村饮水安全

动态监测排查，农村饮水保障能力和水平不断提升。促进脱贫人口稳岗就业，截至 2023 年底，东部 8 省（直辖市）吸纳中西部脱贫人口务工就业 1 018.7 万人，超目标任务 140 万人。中西部 22 个省（自治区、直辖市）共有就业帮扶车间 38 342 个，吸纳脱贫人口务工就业 53.8 万人，同比增加 5.2 万人。安排以工代赈中央资金 109 亿元，支持地方实施 2 710 个以工代赈专项，共吸纳 23.7 万农村低收入群众在家门口务工就业，累计发放劳务报酬 30.6 亿元，人均增收 1.3 万元。

## （四）着力加强农村社会事业发展的人才支撑

人才是事业发展的关键因素。各地各部门不断加强农村教育、医疗卫生、乡村治理等方面人才的引进、培育工作。中央组织部会同有关部门开展干部人才"组团式"帮扶国家乡村振兴重点帮扶县工作，截至 2023 年底，累计选派近 5 000 名医疗、教育领域干部、人才和科技特派员深入 160 个重点帮扶县开展帮扶。为加强新时代乡村教师队伍建设，人力资源社会保障部办公厅、教育部办公厅印发《关于做好 2023 年中小学幼儿园教师公开招聘工作的通知》，统筹教师招聘与高校毕业生就业，全面加强基层中小学幼儿园高素质教师队伍建设。教育部办公厅、财政部办公厅印发《关于做好 2023 年农村义务教育阶段学校教师特设岗位计划实施工作的通知》，招聘中央"特岗计划"教师 52 300 名，重点向原"三区三州"、国家乡村振兴重点帮扶县、少数民族地区等倾斜；重点为乡村学校补充特岗教师，引导和鼓励高校毕业生到乡村学校任教。教育部办公厅、财政部办公厅印发《关于做好 2023 年"三区"人才支持计划教师专项计划有关实施工作的通知》，加大脱贫地区教师队伍建设力度。实施乡村优秀青年教师培养支持计划，资助 299 名乡村教师，每人给予 1 万元，并纳入重点培养对象。国家卫生健康委、中央机构编制委员会办公室等 5 部门联合印发《关于实施大学生乡村医生专项计划的通知》，决定"十四五"期间在部分省份实施大学生乡村医生专项计划，由各省专项招聘医学专业高校毕业生免试注册为乡村医生到村卫生室服务，通过事业单位招聘考试的给予事业编制保障，并加大激励和保障力度，引导大学生乡村医生服务农村、扎根农村。教育部办公厅印发《关于做好 2023 年中央财政支持中西部农村订单定向免费本科医学生招生培养工作的通知》，提出中央财政支持高等医学院校为中西部乡镇卫生院培养订单定向免费五年制本科医学生 6 150 人。人力资源社会保障部办公厅印发《关于加强农民工职业技能培训工作的意见》，明确以农村转移劳动力、返乡农民工、脱贫劳动力等为重点，面向广大农民工群体开展大规模、广覆盖、多形式的职业技能培训。针对乡村治理人才短板，自 2021 年起，农业农村部联合腾讯公司开展"耕耘者振兴计划"，面向乡村治理骨干开展培训，截至 2023 年底，累计开班 414 期，培训乡村治理骨干 3.7 万人。实施高素质农民培育计划，面向家庭农场主、农民合作社带头人、种养大户和返乡入乡创业人员等重点群体开展全产业链培训，着力提升农民技术技能水平、产业发展能力和综合素质素养，加快打造适应现代农业发展的高素质生产经营队伍。全年培育高素质农民 82.6 万人。

## （五）加快推动农村社会事业领域的数字化建设

中央网信办、农业农村部、国家发展改革委、工业和信息化部、原国家乡村振兴局联合印发《2023 年数字乡村发展工作要点》，提出要加强乡村信息基础设施建设，以数字化赋能乡村产业发展、乡村建设和乡村治理，整体带动农业农村现代化发展、促进农村农民共同富裕，推动农业强国建设取得新进展。目前我国已实现"村村通宽带""县县通 5G""市市通千兆"，打通了农村地区接入数字时代的信息"大动脉"。开展"宽带网络＋健康乡村"应用试点，深入实施互联网应用适老化及无障碍改造。升级国家智慧教育平台体系，支持农村和边远地区利用平台资源实施"三个课堂"，有效提升教学质量。不断推动优质医疗资源下沉，县级远程医疗服务覆盖率达到 100％。持续拓展"医保码"应用场景，实现农村群众看病买药"一码通"。92.5％的省级行政许可事项实现了网上受理和"最多跑一次"，同比提升 2 个百分点。不断加大农村重点公共区域视频监控建设力度，浙江、江西等省份实现公共安全视频监控行政村全覆盖。持续推动应急广播标准体系建设，推进应急广播服务到村，建成县级及以上应急广播平台 1 995 个，主动发布终端 352 万个，初步形成国家、省、市、县、乡、村的六级应急广播体系架构。

## 二、农村社会事业发展的新成效

各地各部门扎实推动农村教育、医疗卫生、社会保障、文化体育等公共服务补短板，农村人居环境和基础设施加快改善，乡村治理效能不断提升，农村社会事业稳步发展、持续向好。

### （一）农村教育事业扩优提质

义务教育强校提质行动加快实施，优质均衡推进机制进一步健全，义务教育优质均衡发展和城乡一体化加快推进。学前教育普惠保障行动深入开展，普惠性幼儿园布局更加科学，乡镇公办中心园＋村园的"镇村一体化"管理体系更加完善。符合条件的原建档立卡户家庭学生、低保家庭学生等家庭经济困难学生获得稳定资助，教育脱贫攻坚成果持续巩固。实施重点高校招收农村和脱贫地区学生专项计划，录取 13.8 万人。部属师范大学招生 10 920 名，带动 28 个省份实施地方师范生公费教育，招生 4.3 万名；"优师计划"招生 11 357 名，"硕师计划"招生 1 135 名，"特岗计划"招聘教师 5.04 万名，31 个省份出台"县管校聘"管理制度改革文件，乡村教师队伍素质、专业化程度不断提升。依托职业学校面向高素质农民、乡村振兴带头人、返乡大学生、易地搬迁脱贫群众等开展培训，扩大涉农领域相关专业布点，推动面向农业农村的职业教育有序发展。

## （二）农村医疗卫生服务不断加强

紧密型县域医共体建设由试点转向全面推进，乡村医疗卫生机构建设和服务能力进一步提升。截至 2023 年末，全国共有乡镇卫生院 3.4 万个，床位 150 万张，村卫生室 58 万个；乡镇卫生院诊疗人次 13.1 亿，村卫生室诊疗人次 14 亿。乡村医生队伍进一步壮大，截至 2023 年末，全国乡镇卫生院人员数 160 万人，乡村医生队伍中执业（助理）医师和持乡村医生证人员总数 110 万人，其中执业（助理）医师近 51 万，占比达 46%。乡村公共卫生服务能力不断加强，人均基本公共卫生服务财政补助标准再提高 5 元，达到89 元。基层医疗卫生机构接受健康管理服务的老年人超过 1 亿人。深化应用全国统一的医保信息平台，截至 2023 年底，医保政务服务事项线上可办率达到 70% 左右。

## （三）农村社会保障水平稳步提升

社会救助体系建设不断加强，截至 2023 年底，全国共有农村低保对象 3 399.7 万人，农村低保平均标准 621 元/（人·月），全年累计支出农村低保资金 1 483.9 亿元。全国共有农村特困人员435.4 万人，其中集中供养 61.4 万人，累计支出农村特困供养资金 500.2 亿元。各省级政府均对照《国家基本养老服务清单》制定并发布本地区基本养老服务具体实施方案及清单，明确服务对象、内容、标准。农村养老服务设施不断健全，全国共有农村敬老院1.6 万家，床位 170.7 万张；农村互助养老服务设施约 14.4 万个，完成 148.28 万户特殊困难老年人家庭适老化改造。农村困难妇女群体关爱帮扶和留守儿童关爱服务进一步加强，农村残疾人福利水平进一步提升，领取两项补贴的农村户籍残疾人达 1 625.6 万人。

## （四）农村文化体育事业蓬勃发展

城乡公共文化服务一体建设不断推进，全国分别有 2 719 个县（市、区）建立文化馆总分馆制，占比达到 96%；2 692 个县（市、区）建立图书馆总分馆制，占比达到 95%，全国基层分馆和服务点数量超过 10 万个。乡村文艺团队蓬勃发展，全国现有团队数量超 46 万个。"戏曲进乡村"持续深入，中央财政为中西部脱贫地区 1.3 万个乡镇配送了 7.8 万场以地方戏为主的演出。电影惠民工程持续实施，全国共有开展电影放映的农村数字电影院线 262 条，放映队 4.2 万个，全年开展农村电影放映 824 万场，观影人次约 4.5 亿。制作对农广播和电视节目时长分别为 141.7 万小时和 64.79 万小时，播出时间分别为 431.39 万小时和 390.58 万小时，涌现了《贺兰山下》《于青山绿水间》《三农长短说》《"村 BA"乡村篮球全国挑战赛》等一批优秀农村题材文化作品。治理电视"套娃"收费和操作复杂，在年底前实现了"开机看直播、收费包压减 50%、提升消费透明度"的目标，有线电视和 IPTV 收视便捷性、获得感、满意度大幅提升。以"书香润乡村　阅读促振兴"为主题的 2023"新时代乡村阅读季"活动持续升温，超过 3 亿人次参与线上线下阅读推广活动。创新开展"大地欢歌"乡村文化活动年主题活动，明确 12 项重点内容，带动全国各地举办了 80 场系列相关活动。举办全国和美乡村篮球大赛（"村 BA"）、全国和美乡村健康跑等农民体育活动，超 5 亿人次通过直播观看全国"村 BA"决赛，全网曝光量超 400 亿次，带动"村 BA""村超""村排"等群众身边的赛事活动广泛有序开展。持续擦亮"村晚"群众性文化活动品牌，春节元宵节期间，全国共组织"村晚"活动 20 476 场，参与人次约 1.3 亿。认定第七批中国重要农业文化遗产 50 项，中国重要农业文化遗产总数达到 188 项。中国拥有全球重要农业文化遗产

22 项，数量居世界首位。将 1 336 个具有重要保护价值的村落纳入第六批中国传统村落名录，中国传统村落累计达到 8 155 个。

### （五）农村人居环境持续改善

"设计下乡"服务不断推进，村庄规划编制有序开展。农村改厕"提质年"工作有序实施，通过开展质量抽查，推广适宜技术，普及政策知识，截至 2023 年底，全国农村卫生厕所普及率达到 75％左右。指导全国 2 700 余个县（市、区）编制印发了县域农村生活污水治理专项规划，农村生活污水治理（管控）率达到 40％以上。农村生活垃圾治理模式不断建立健全，全国农村生活垃圾得到收运处理的行政村比例稳定保持在 90％以上。村庄清洁有序推进，各地因需开展绿化美化，全国村庄绿化覆盖率达 32％。因地制宜健全多元化人居环境管护机制，引导村级组织和农民群众参与管护。

### （六）推进农村地区基础设施建设提档升级

持续推动"四好农村路"高质量发展，全年全国农村公路完成固定资产投资 4 843 亿元，新改建农村公路 18.8 万公里，新增通三级及以上等级公路乡镇 512 个，新增通硬化路较大人口规模自然村约 3.15 万个，实施农村公路安全生命防护工程 12.36 万公里，改造农村公路危旧桥梁 8 418 座。农村供水保障和防汛抗旱能力进一步增强，全国农村自来水普及率达 90％，规模化供水工程覆盖农村人口比例达 60％。农村电网与可再生能源建设水平不断提升，全国农村平均供电可靠率达到 99.88％，已有超过 10 个省份实现"充电站县县全覆盖、充电桩乡乡全覆盖"。积极推进农村分布式新能源开发利用，农村户用分布式光伏总装机容量达 1.2 亿千瓦，涉及农户超过 550 万户，农户通过分享收益实现增收约 110 亿元。深化农村寄递物流体系建设，累计建成 1 267 个县级公共寄递配送中心、28.9 万个村级寄递物流综合服务站和 19 万个村邮站。农房安全隐患排查整治深入推进，全面完成全国近 50 万个村、2.24 亿户农房排查摸底和分类整治，消除了一批安全隐患，有效防范了重大安全事故发生。农村地区互联网普及率达到 66.5％，同比提升 3.6 个百分点。

## （七）乡村治理效能进一步提升

强化党建引领，推动开展乡村振兴专题培训，首次通过视频直播形式对全国开展同步培训。派强用好驻村第一书记和工作队，截至 2023 年底，全国在岗驻村第一书记 20.6 万人，实现脱贫村、易地扶贫搬迁安置村（社区）、乡村振兴任务重的村以及党组织软弱涣散村全覆盖。村民自治机制不断健全，严格落实村级重大事项决策"四议两公开"制度，72.9％的县（市、区）研究制定了村级议事协商目录。坚持和发展新时代"枫桥经验"，提升矛盾纠纷预防化解法治化水平，平安法治乡村建设不断取得新进展。截至 2023 年底，全国共有村（社区）、乡镇（街道）调委会 65.2 万个，村（社区）、乡镇（街道）调委会调解员 280.7 万名，村（社区）、乡镇（街道）调委会共调解矛盾纠纷 816.8 万件，积极发动广大公安派出所实施主动警务、预防警务，规范社区民警日常工作，发展壮大群防群治力量，推进"一村（格）一警"全覆盖，积极落实维护城乡社区治安秩序各项措施，促进社会和谐稳定。推进农村扫黑除恶常态化，持续加强对"村霸""乡痞"等黑恶势力的打击。深入开展乡村法治宣传教育，全国已命名 9 批共 4 938 个"全国民主法治示范村（社区）"，已培育示范户 45 万余户，实现 70％的行政村有示范户的目标。全国共培育乡村"法律明白人"397.2 万名，25 个省（自治区、直辖市）基本实现每个行政村有 3 名以上"法律明白人"，法律顾问基本实现村全覆盖。农村精神文明建设持续强化，开展 2023 年"听党话、感党恩、跟党走"宣传教育活动。持续开展农村移风易俗工作，指导各地针对高额彩礼、人情攀比、厚葬薄养、铺张浪费等开展专项治理。持续推进村（居）民委员会公共卫生委员会建设，截至 2023 年底，村（居）民委员会公共卫生委员会覆盖率已超过 90%。对在全国乡村治理中推广运用积分制、清单制作出专门部署，持续推广数字化、网格化、村民说事、接诉即办等方式，创建 293 个全国乡村治理示范乡镇、2 968 个全国乡村治理示范村。

# 三、农村社会事业发展的新展望

2024 年中央 1 号文件强调，学习运用"千万工程"经验，有力有效推进乡村全面振兴。"千万工程"是习近平总书记在浙江工作时亲自谋划、亲自部署、亲自推动的重大决策，20 年来造就了浙江万千美丽乡村，造福了万千农民群众。近年来城镇化持续推进，叠加农村人口老龄化、少子化趋势，农村社会结构、农民群众对农村社会事业的需求都在发生深刻变化。大力发展农村社会事业，要深化学习运用"千万工程"蕴含的发展理念、工作方法和推进机制，因地制宜、久久为功，加快建设宜居宜业和美乡村。

## （一）坚持人民至上，围绕农民的急难愁盼问题，在农村社会事业领域集中力量抓好办成一批农民可感可及的实事

"千万工程"之所以能得到浙江广大农民群众的热烈拥护，就是因为从一开始就始终把群众所思所盼作为出发点和落脚点。在 2003 年浙江"千村示范、万村整治"工程工作会议上，时任省委书记习近平强调要"努力改善农村生产生活条件，提高农民的生活质量和健康水平""让广大农民喝上干净的水，呼吸清洁的空气，吃上放心的食物，在良好的环境中生产生活"。

当前，与农民群众日益增长的美好生活需要相比，我国农村基础设施和公共服务还存在一些突出短板和薄弱环节，仍然是现阶段城乡差距大的最直观表现。基础设施建设方面，还有部分较大人口规模自然村（组）不通硬化路，规模化供水工程覆盖农村人口的比例仅为60%，接近20%的村尚未实现快递直投，农村生活污水治理率仅有40%左右。公共服务方面，2023年城乡居民最低生活保障标准比约为1.28:1；农民普遍参加的城乡居民基本养老保险月人均待遇水平仅200多元，且存在明显地域差别。

要瞄准"让农村基本具备现代生活条件"目标，切实加强农村基础设施和公共服务建设。一是在基础设施建设上，更多向进村入户倾斜。深入实施新一轮农村公路建设改造，持续开展"四好农村路"和城乡交通运输一体化示范创建，稳步推进农村饮水安全向农村供水保障转变，全面推行农村供水"3+1"标准化建设和管护模式，提高村庄燃气普及率，因地制宜发展太阳能、风能、地热能等清洁能源，持续巩固拓展具备条件的乡镇和建制村通客车成果，鼓励城市公交向乡村延伸和农村客运班线公交化改造。适应电商直播等新业态的发展，完善县乡村三级物流配送体系，改造提升农村寄递物流基础设施，加快农村光纤宽带、移动互联网、广播电视网和下一代互联网发展。二是在基本公共服务供给上，更加注重均等化。多渠道增加农村普惠性学前教育资源供给，办好乡镇寄宿制学校和必要的乡村小规模学校，持续改善农村义务教育学校基本办学条件。不断改善乡镇卫生院设施条件，加强村医队伍建设，持续提升村卫生室标准化建设和健康管理水平。因地制宜扩大农村养老服务供给，将农村养老服务设施纳入乡镇级国土空间规划或村庄规划。大力推进农村互助性养老服务。建立常态化养老金调整机制，不断提高城乡居民基本养老保险待遇水平。完善统一的城乡居民基本医疗保险制度，合理提高政府补助标准和个人缴费标准，完善农村最低生活保障制度动态调整机制。三是深入推进农村人居环境整治提升。扎实推进农村改厕，选好适用技术模式，协同推进农村有机生活垃圾、粪污、农业生产有机废弃物资源化处理利用，梯次推进生活污水治理。促进村庄风貌提升，推进村庄绿化美化，开展村庄清洁行动，整体提升村容村貌。

## （二）坚持软硬结合，统筹推进物质文明和精神文明建设，协调推动乡村发展、乡村建设和乡村治理

"千万工程"在抓好硬件建设的同时，始终注重弘扬中华优秀传统文化和发展社会主义先进文化，推动乡村优秀传统文化的创造性转化和创新性发展，使乡村成为传统文明和现代文明、城市文明与乡村文明交相辉映的美好家园。始终注重基层党组织建设，创新实行自治、法治、德治"三治结合"，探索出了新时代的"枫桥经验""余村经验""后陈经验"，实现了农村农民由点到面、由表及里的全面发展、全面提升。

当前，我国城乡利益格局深刻调整，农村社会结构深刻变动，农民思想观念深刻变化。在新老问题交织、现代与传统碰撞、各种风险叠加的新形势下，农村精神文明建设和乡村治理还面临一些突出问题亟待解决。传统文化传承保护力度还有待加强，文化服务供给还不能完全满足农民群众需求。高额彩礼、丧葬陋习、人情攀比以及厚葬薄养等不文明现象依然存在。

要突出抓基层、强基础、固基本的工作导向，坚持物质文明和精神文明两手抓，更好发挥乡村治理在提供组织保障、增强精神动力等方面的作用。一是持续深化农村精神文明建设。加强思想政治引领，深入开展"听党话、感党恩、跟党走"宣传教育活动。推动新时代文明实践向村庄、集市等末梢延伸，促进城市优质文化资源下沉，增加文化产品供给。加强乡村优秀传统文化保护传承和创新发展，保护好农业文化遗产、农村非物质文化遗产、乡村文物等文化载体。挖掘优秀农耕文化中蕴含的符合社会主义核心价值观的应

时守则、父慈子孝、敬老孝亲等精神品格，融入村规民约，引导广大村民树立正确的价值观念，将其内化为价值准则，外化为行为规范。完善农村公共文化服务体系，坚持农民主体，广泛开展群众性文化体育活动，建立优质文化资源直达基层机制，繁荣农民精神文化生活。二是提升乡村治理效能。强化党建引领，围绕村干部队伍能力建设，加大培训力度，提升管理和服务效能。理顺基层"条""块"关系，健全乡镇（街道）履行职责事项清单和村工作事项准入制度，推动破解基层治理"小马拉大车"突出问题。深入推进农村移风易俗，强化村规民约的激励约束功能，引导农民在村规民约中制定婚事新办、丧事简办、孝老爱亲等约束性规范和倡导性标准，因地制宜为农民婚丧嫁娶等提供普惠性社会服务。深化平安法治乡村建设，坚持和发展新时代"枫桥经验"，完善矛盾纠纷源头预防、排查预警、多元化解机制。健全农村扫黑除恶常态化机制，开展农村重点领域安全隐患治理攻坚。加强法治宣传教育和法律服务，教育引导农民群众办事依法、遇事找法、解决问题用法、化解矛盾靠法。

### （三）坚持因地制宜、分类施策，顺应村庄、人口演变趋势和发展规律，不断优化农村基础设施和公共服务的结构与布局

"千万工程"注重规划先行，注意把握好整治力度、建设进度、推进速度与财力承受度、农民接受度的关系，不搞千村一面，不吊高群众胃口，不提超越发展阶段的目标。不照搬城市建设模式，区分不同经济社会发展水平，分区域、分类型、分重点推进。

当前，伴随工业化、城镇化进程，我国乡村人口和村庄的数量、分布、结构、形态都在发生变化。2000年以来，我国城镇化率年均提高1.36个百分点，2023年达到66.16%。随着农村青壮年劳动力向城镇转移，一方面，村庄加速分化，劳动力主要输出地

的中西部地区农村空心化程度较高；另一方面，农村地区老龄化程度更深，第七次人口普查数据显示，农村 60 岁、65 岁及以上老人的比重分别为 23.81% 和 17.72%，比城镇分别高出 7.99 和 6.61 个百分点。

要顺应村庄分化趋势和人口演变规律，不断优化县域城乡基础设施和公共服务布局。一是增强规划引领。强化县域国土空间规划指导约束作用，在国土空间规划"一张图"上统筹土地利用、产业发展、居民点布局、生态保护和历史文化传承，优化布局乡村生产、生活、生态空间，依据人口规模和服务半径，合理布局乡村基础设施和公共服务。二是坚持公平和适度原则，强化分类指导。我国地域面积广阔，各地差异较大，统筹推进农村基础设施和公共服务布局，必须按照因地制宜、量力而行的原则，根据不同村庄的发展现状、区位条件、资源禀赋等，按照集聚提升、融入城镇、特色保护、搬迁撤并等村庄类型分类推进，不搞"一刀切"。三是拓展农村养老服务。依托乡镇敬老院、优质民办养老机构等，改扩建为区域养老服务中心，发挥专业照护、服务转介、资源链接等作用，促进上下联动，推动供需衔接。健全农村留守、高龄、失能、残疾等老年人探访关爱和应急救援服务机制。聚焦农民居家养老急难愁盼问题，紧扣助餐助医等高频日常刚需，不断拓展农村养老服务内容。推动农村道路、活动广场等公共场所适老化改造。持续推进"十四五"特殊困难老年人家庭适老化改造工作，为高龄、失能、残疾老年人家庭实施适老化改造，提升符合条件的农村老年人居家养老的安全性、便利性。关注农村老年人的精神和文化需求，推广广场舞、太极拳等适宜老年人的体育活动，鼓励发展陪伴式、互动型文化活动。

（四）坚持循序渐进、久久为功，持续强化农村社会事业统筹支持力度，加快健全工作推进机制

"千万工程"实施 20 年来，浙江紧盯目标不动摇、坚持一张蓝

图绘到底，一件事情接着一件事情办，一年接着一年干，每 5 年出台 1 个行动计划，每个重要阶段出台 1 个实施意见，真金白银投入，一以贯之、前后衔接，不断推进乡村迭代升级。

农村社会事业涉及面广，很多领域都是"慢变量"，需要绵绵用力、久久为功。当前，农村社会事业统筹规划和支持不足，城乡衔接互补的体制机制还不健全，统筹推进的工作机制还不完善，还需加快形成县乡村一体、城乡统筹推进的农村社会事业发展格局。一是加快建立统筹推进工作机制。落实落细五级书记抓乡村振兴的工作机制，强化省级组织协调，压实市县主体责任，确保各项任务落到实处。加快形成农业农村部门协调推进，职能部门协同配合，社会力量广泛参与的工作格局。二是坚持城乡一体，提高城乡建设融合水平。坚持城乡一体、农村优先，推进县城基础设施和公共服务向农村延伸覆盖，推动县域内城乡基础设施一体建设管护，推进城乡学校共同体、紧密型县域医共体建设，加快医疗卫生人员"县管乡用、乡聘村用"、乡村教师"县管校聘"等改革，鼓励城镇医生、教师等人才下乡服务。三是集聚资源要素，加强统筹支持。推动将农村基础设施、公共服务等作为政府支出重点领域，发挥财政资金牵引作用，引导地方多渠道筹措资金支持符合条件的乡村建设项目。广泛建立乡村建设项目库和任务清单，创新投融建管一体化机制，推动将零散项目打捆打包并整体实施。建立健全乡村建设制度标准和评价体系，探索研究宜居宜业和美乡村建设指南，明确农村基本具备现代生活条件的要件要求。不断拓宽投入渠道，鼓励金融机构在依法合规前提下量身定制乡村基础设施和公共服务金融产品。建立健全人才服务乡村制度，多渠道引导高校毕业生到乡村工作，持续开展"万企兴万村"行动，凝聚农村社会事业发展的多方力量。

# 专题一　农村教育事业发展专题报告

2023 年，各地各部门贯彻落实党中央、国务院决策部署，着力构建优质均衡的基本公共教育体系，持续推进县域内义务教育优质均衡发展，提升农村学校办学水平，扎实推动农村教育事业取得新进展。

## 一、推进农村教育事业发展的重要举措

### （一）加大教育投入力度，完善困难学生保障

加大财政性义务教育经费向薄弱环节倾斜力度。4 月，财政部、教育部下达 2023 年义务教育相关转移支付资金 2 274 亿元（不含教师工资），比上年增加 148 亿元，引导和支持地方巩固完善义务教育经费保障机制，深入推进薄弱环节改善与能力提升工作，加强教师队伍建设，提高义务教育教学质量。继续实施教育强国推进工程，教育强国推进工程全年安排中央预算内投资 80.45 亿元支持基础教育，其中义务教育阶段 64.72 亿元，支持欠发达地区特别是"三区三州"等原深度贫困地区改善学校校舍、教学及生活设施等办学条件。进一步优化完善城乡统一、重在农村的义务教育经费保障机制，全年中央财政安排 1 560 亿元（比上年增加 115 亿元），

在继续落实好义务教育学生"两免一补"政策的同时，重点支持地方提高义务教育学校生均公用经费基准定额，落实"双减"要求、做好课后服务工作；进一步提高寄宿制学校公用经费补助标准和北方地区部分省份取暖费补助标准等，保障学校正常运转。

推动缩小义务教育区域、城乡、校际差距。全年中央财政安排100亿元支持改善县域普通高中基本办学条件；安排330亿元（比上年增加30亿元），持续改善农村学校基本办学条件，有序扩大城镇学位供给，缓解"城市挤、农村弱"问题，推动增量资金重点向中部地区倾斜。同时，安排277亿元，支持地方继续实施好农村义务教育学生营养改善计划，落实每生每天5元的营养膳食补助标准，持续改善欠发达地区学生营养健康状况。

全年中央财政安排学生资助补助经费720亿元，落实"四个不摘"要求，继续将原建档立卡户家庭学生、低保家庭学生等家庭经济困难学生作为重点资助对象，防止学生因贫辍学失学。推动各地各校健全和落实控辍保学长效机制，强化对区域内适龄儿童行政督促入学制度，坚决守住不让适龄儿童辍学的底线，确保应入尽入。持续健全学籍系统数据与人口库比对机制，督促各地精准摸排辍学学生情况，建立"一生一表"工作档案，持续巩固控辍保学工作成果。做好留守儿童、事实无人抚养儿童、孤儿、家庭经济困难学生等群体入学工作，加强关爱帮扶和教育资助，防止失学辍学。

## （二）加强乡村教师队伍建设

全年中央财政安排78亿元，继续支持地方实施好师范生公费教育、"优师计划""硕师计划""特岗计划""国培计划""三区"人才计划教师专项计划、银龄讲学计划等政策，引导支持农村学校多渠道补充优秀师资，优化教师队伍结构，提升教育教学水平。3月，人力资源社会保障部办公厅、教育部办公厅印发《关于做好2023年中小学幼儿园教师公开招聘工作的通知》，统筹教师招聘与高校毕业生就业，全面加强基层中小学幼儿园高素质教师队伍建设。4月，教育部办公厅、财政部办公厅印发《关于做好2023年农村义务教育阶段学校教师特设岗位计划实施工作的通知》，招聘"特岗计划"教师5.23万人，重点向原"三区三州"、国家乡村振兴重点帮扶县、少数民族地区等倾斜，为中西部地区乡村学校补充特岗教师，引导和鼓励高校毕业生到乡村学校任教，进一步补充道德与法治、体育与健康、外语、科学、劳动、艺术、信息科技、心理健康、特殊教育等紧缺薄弱学科教师。6月，教育部办公厅、财政部办公厅印发《关于做好2023年"三区"人才支持计划教师专项计划有关实施工作的通知》，2023—2024学年选派了17 042名教师到边远地区、民族地区和革命老区受援县支教，持续为乡村学校补充高素质教师。组织开展国家乡村振兴重点帮扶县教育人才"组团式"帮扶工作，对东部派出校长、西部被帮扶高中校党组织书记、骨干教师等2 600多人进行集中培训。深入开展教育人才"组团式"援疆选派工作，指导对口支援省市完成2 000余名支教教师轮换工作。7月，教育部等10部门印发《国家银龄教师行动计划》，提出经过3年左右时间，全国银龄教师队伍总量达12万人左右，调动优秀退休教师继续投身各级各类教育事业的积极性。

深入推进"县管校聘"改革，全国31个省份出台"县管校聘"管理改革政策文件，北京、山东、广东等省份在全省范围内推开"县管校聘"改革，通过提高编制岗位使用效益，促进教师资源均衡配置，使优质的教师资源惠及更多学校和学生，进而促进教育公平和高质量发展。

### （三）办好更加公平、更高质量的基础教育

构建优质均衡的基本公共教育服务体系。1月，《中共中央国务院关于做好2023年全面推进乡村振兴重点工作的意见》提出，

推进县域内义务教育优质均衡发展，显著扩大基础教育优质资源，加快构建幼有优育、学有优教的高质量基础教育体系，提升农村学校办学水平。7月，《教育部　国家发展改革委　财政部关于实施新时代基础教育扩优提质行动计划的意见》提出，健全优质均衡推进机制，实施学前教育普惠保障行动、义务教育强校提质行动、普通高中内涵建设行动、特殊教育学生关爱行动、素质教育提升行动、高素质教师队伍建设行动、数字化战略行动、综合改革攻坚行动等8项重大行动。

加快县域内义务教育优质均衡发展。6月，中共中央办公厅、国务院办公厅印发《关于构建优质均衡的基本公共教育服务体系的意见》，进一步健全保障义务教育优质均衡发展的政策体系，要求各级党委政府把构建优质均衡的基本公共教育服务体系作为实现共同富裕的一项重大民生工程，列入重要议事日程。11月，教育部召开全国义务教育优质均衡发展现场推进会，进一步明确了义务教育优质均衡发展的目标任务和工作要求。

促进农村学前教育普及普惠发展。充分考虑农村人口变化、乡村振兴和城镇化发展趋势，优化县域普惠性幼儿园布局，加强乡镇公办中心园建设，依托乡镇公办中心园办好必要的村园，推进"镇村一体化"管理，改善薄弱园办园条件，完善农村学前教育公共服务网络。出台公办园生均公用经费基准定额，引导推动各地提高并落实公办园生均公用经费标准和普惠性民办园补助标准。中央财政下达支持学前教育发展资金250亿元，比上年增加20亿元，增长8.7%，对国家乡村振兴重点帮扶县给予倾斜，各地按照轻重缓急原则统筹安排中央补助资金和自有资金，继续加大对脱贫地区学前教育支持力度。

提高普通高中办学水平。继续实施改善普通高中学校办学条件补助项目，2023年中央财政投入100亿元，重点支持改善县中基本办学条件，加快缩小与城区普通高中的差距。健全普通高中生均公用经费拨款制度，各省（自治区、直辖市）普通高中生均公用经费标准均已达到 1 000 元以上。依托举办附属高中的部属高校，面向中西部、东北地区 23 个省份和新疆生产建设兵团教育基础薄弱县，托管帮扶一批县中，推动地方高校和城区优质普通高中开展本地县中托管帮扶工作，开展教育强省对口帮扶中西部省份工作。实施重点高校招收农村和脱贫地区学生专项计划，共录取 13.8 万人，有力促进了城乡入学机会公平。

### （四）发展面向农业农村的职业教育，助力乡村人才建设

扩大涉农领域相关专业布点。2023 年，1 500 余所学校开设现代农业技术等 30 余个中职专业，专业布点 2 800 余个；370 所学校开设畜牧兽医等近 50 个高职专科专业，专业布点 1 700 余个。在农机装备等重点领域开展职业教育专业课程改革试点工作。实施"雨露计划＋"就业促进行动，组织开展从教育培训到促进就业的全链条、一体式帮扶，帮助脱贫家庭新成长毕业生实现更加充分、更高质量的就业。持续开展"一村一名大学生计划"，为脱贫户、农村青年等提供不离岗、不离乡的学历继续教育，2023 年，2 个高中起点本科专业、4 个专科起点本科专业（方向）、14 个高中起点专科专业（方向）共招生 8.53 万人。12 所涉农高校校地、校企合作，推出"农科生订单式培养计划""订单定制人才培养计划""定向培养基层林技人员""乡村振兴专项"等相关计划。

依托全国 261 个农村职业教育和成人教育示范县，推动教育培训资源整合，建设以县职教中心为龙头，乡镇成人学校为骨干，村成人学校（学习点）为基础，其他成人教育培训机构为补充的县、乡、村三级农民教育培训网络，面向高素质农民、乡村振兴带头人、返乡大学生、易地搬迁脱贫群众等开展培训。

## （五）推进教育数字化战略行动

实施课程教学改革深化行动，指导各地各校深化课堂教学改革，优化教学方式，打造高效课堂。大力推广应用国家优秀教学成果，推动 73 项教学成果在 60 个推广应用示范区落地。建强用好国家智慧教育公共服务平台，截至 2023 年底，线上平台共汇聚中小学资源超 8.8 万条，覆盖各年级、各学科课程，职业教育累计上线 1 580 多个专业教学资源库、1 万余门在线精品课程、2 200 余门视频公开课。全国中小学（含教学点）互联网接入率达到 100％，99.9％的学校出口带宽达到 100M 以上，78.34％的学校实现无线网络覆盖，99.42％的学校拥有多媒体教室。持续开展数字支教赋能乡村教育试验工作，明确服务范围、组织形式、工作体系，形成了"筹备—实施—总结评估"标准化工作流程，探索出了"备课＋授课＋听课＋督课＋评课"的教学模式。第一期 4 所直属高校共组织 832 名志愿者，为 44 所乡村小学、14 288 名学生开设了信息技术和艺术两大类 2 511 节课程，授课时长累计 1 767 小时。

# 二、农村教育事业发展取得的主要成效

## （一）教育经费投入持续增长

2023 年，全国教育经费总投入达到 64 595 亿元，比上年增长 5.3％。其中，国家财政性教育经费为 50 439 亿元，比上年增长 4.1％。全国学前教育、义务教育、高中阶段教育经费总投入分别为 5 386 亿元、28 431 亿元、10 156 亿元，比上年分别增长 4.8％、6.1％、6.2％。中央财政进一步提高义务教育学校生均公用经费基准定额，小学由 650 元提高到 720 元，初中由 850 元提高到 940 元，全国约 1.59 亿学生免除杂费并获得免费教科书，约 2 400 万家庭经济困难学生获得生活补助。全国幼儿园、普通小学、普通初中、普通高中、中等职业学校等学校生均教育经费总支出均比上年有所增长，增幅分别为：8.9%、4.3%、2.7%、3.9%、0.6%。

## （二）教育普及普惠程度进一步提升

2023 年，学前教育毛入园率达 91.1%，比上年提高 1.4 个百分点，提前完成"十四五"规划目标。全国共有幼儿园 27.44 万所，其中，普惠性幼儿园 23.64 万所，占全国幼儿园的比例为 86.16%，比上年增长 1.2 个百分点。普惠性幼儿园在园幼儿占全国在园幼儿的比例为 90.81%，比上年增长 1.26 个百分点。全国共有学前教育专任教师 307.37 万人，生师比 13.32∶1，比上年有所改善；专任教师学历合格率 99.57%，比上年增长 0.18 个百分点；专任教师中专科及以上学历比例 92.74%，比上年增长 2.44 个百分点。

深入实施义务教育薄弱环节改善与能力提升等重大项目，中小学标准化建设进一步提速，校舍面积、设施设备配备达标率显著提高。义务教育扩优提质持续推进，通过按标准办学建校、促进优质学校挖潜扩容，推进优秀校长、骨干教师有序交流轮岗，发展集团化办学、建设城乡学校共同体等，不断扩大优质教育资源覆盖范围，提升薄弱学校、农村学校办学条件，加快办好群众"家门口"的新优质学校。2023 年，九年义务教育巩固率达 95.7%，比上年提高 0.2 个百分点。全国新增义务教育优质学校 1 736 所，新增优质学位 199.9 万个，共组建 1.6 万个义务教育阶段教育集团和 1.5 万个城乡学校共同体。全国共有普通小学 14.35 万所，在校生 1.08 亿人，小学阶段教育专任教师 665.63 万人，比上年增加 2.68 万人；共有初中 5.23 万所，在校生 5 243.69 万人，初中阶段教育专任教师 408.31 万人，比上年增加 5.79 万人。高中阶段毛入学率 91.8%，比上年提高 0.2 个百分点。共有普通高中学校 1.54 万所，比上年增加 355 所；在校生 2 803.63 万人，比上年增加 89.75 万人；普通高中专任教师 221.48 万人，比上年增加 8.16 万人。

## （三）乡村教师队伍发展壮大

2023 年，继续实施师范生公费教育，部属师范大学招生 10 920 名，带动 28 个省份招收公费师范生 4 万余名；"优师计划"招生 11 357 名，"硕师计划"招生 1 135 名，"特岗计划"招聘教师 5.04 万名（图 1），"国培计划"安排资金超过 22 亿元，"师范教育协同提质计划"覆盖了 72 所学校的 10 个院校组团，超 1 600 万名教师参与国家智慧教育公共服务平台 2023 年暑期研修，试点实施中西部乡村首席教师岗位计划，实施乡村优秀青年教师培养支持计划，资助 299 名乡村教师，每人给予 1 万元，并纳入当地骨干教师培养对象。

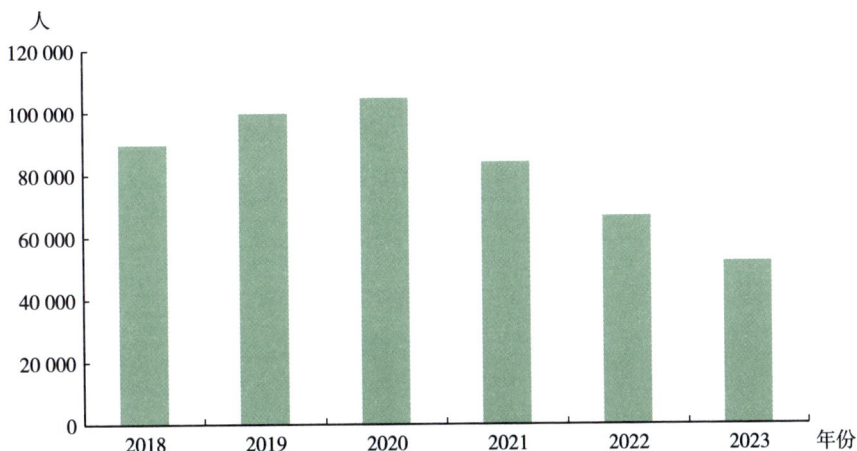

图 1　2018—2023 年全国"特岗教师"招聘计划数

数据来源：教育部。

教育部、国家发展改革委继续推进边远艰苦地区乡村学校教师周转宿舍建设。截至目前，已累计安排中央投资超过 281 亿元，支持边远艰苦地区建设约 63.7 万套农村学校教师周转宿舍，累计入住教师超过 87.1 万人，有力改善了乡村支教、交流和特岗教师的基本生活条件。乡村教师生活补助政策进一步完善，中央奖补覆盖中西部 22 个省份 715 个原集中连片特困地区县近 7.3 万所乡村学校，受益教师约 130 万人，人均月补助标准金额约 400 元，示范带动 1 086 个非连片特困地区县实施补助政策。

## （四）职业技能培训持续开展

据统计，2023 年技工院校共招生 162.5 万人，应届毕业生 121.7 万人，毕业生就业率 97%，面向社会开展培训 655.1 万人次，培养培训高技能人才 67.7 万人。年末全国共有就业训练中心 500 所，民办职业培训机构 31 226 所。全年开展补贴性职业技能培训 1 822 万人次，其中培训企业职工 804 万人次，培训农民工（包括在岗农民工和农村转移就业劳动者）643 万人次（图 2），培训失业人员 63 万人次，培训毕业年度的高校和中职毕业生 99 万人次。持续推进职业院校全面开展职业培训促进就业创业行动，近 5 000 所职业学校围绕智能制造、医疗服务等领域共培训 3 600 余万人次，其中面向新生代农民工、产业工人等重点群体开展培训 800 余万人次。

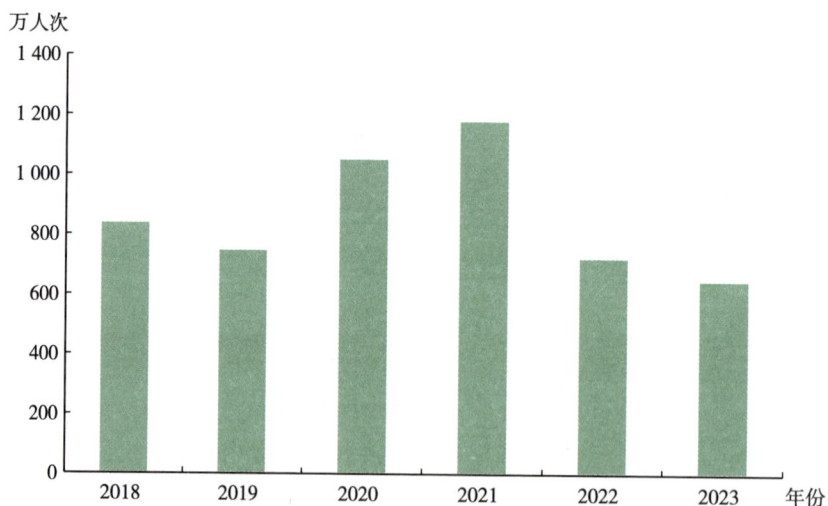

图 2  2018—2023 年全国农民工参加培训人次

数据来源：历年《人力资源和社会保障事业发展统计公报》。

## 三、农村教育事业发展面临的主要问题和对策建议

当前,农村教育事业发展还面临不少困难问题:一是随着城镇化进程的加快和学龄人口的峰谷变化,农村学校布局需要作出相应优化调整。二是农村优质教育资源的总量与城市相比仍有不小差距,农民群众对公平而有质量的教育需求依然比较迫切。三是教育事业财政支出压力加大。近年来受经济下行压力影响,不少地方财政趋紧,教师工资、校舍改造、教学设备更新等支出压力较大,教育经费增速放缓。四是乡村教师队伍不够稳定。优秀教师从乡村向城镇、从城镇向城市,从薄弱地区向发达地区、薄弱学校向优质学校的单向流动多,优秀教师"招不来""留不下"的问题仍然突出。下一步,农村教育应继续按照优质均衡的发展方向,以提升办学条件、教育质量和人民群众满意度为工作重点,进一步加大投入力度、优化资源配置,着力缩小城乡教育差距,有效激发乡村振兴内生动力。

一是加大投入力度。进一步优化完善城乡统一、重在农村的义务教育经费保障机制,继续把义务教育作为教育投入的重点,优化投入结构,确保资金向困难地区和薄弱环节倾斜。

二是统筹优化城乡教育资源配置。适应人口社会结构变化、城镇化进程对教育布局结构和资源配置调整的要求,探索建立县域基础教育领域学龄人口变化监测预警机制,优化城乡教育资源配置,科学布局义务教育学校。在分类发展、经费投入、师资配置和质量监测等方面采取有力措施,办好必要的乡村小规模学校。持续改善农村寄宿制学校和城镇薄弱学校的办学条件和办学能力,加强县域普通高中建设,着力扩大高中阶段教育资源,让更多的孩子能在家门口上好学校。构建互联互通、共建共享的数字教育资源平台体

系，强化优质教育资源对乡村的覆盖和支撑。

三是加强乡村教师队伍建设。引导支持农村学校多渠道补充优秀师资，优化教师队伍结构，提升教师教学能力水平。稳步提高乡村教师待遇，改善乡村教师工作环境，减轻乡村教师的非教学负担，让乡村教师集中精力教书育人。强化对乡村学校教育教学的督导支持，配够配好各科师资，开齐开足国家课程。推进边远艰苦地区乡村学校教师周转宿舍建设。推动教师有序交流轮岗，深化义务教育学校教师"县管校聘"改革。推动各地通过定期交流、跨校竞聘、学区一体化管理、集团化办学、对口支援等多种途径和方式，促进县域师资均衡配置。

四是办出乡村学校的优势特色。发挥乡村在耕读教育、自然教育、农业农村实践等方面的优势，推动乡村学校发展形成特色优势，积极布局建设乡村特色学校，建设中华优秀传统文化传承学校。适应农村条件组织实施形式多样的劳动实践，深入挖掘优秀传统农耕文化，开发乡村教育精品课程。深入挖掘本土资源，充分利用好乡村的广阔天地，积极推动乡土文化的创新和发展，探索出符合时代要求、乡村特色和学生特点的文化传承方式，走特色化办学道路。

# 附录

2023 年 1 月，中共中央、国务院印发《关于做好 2023 年全面推进乡村振兴重点工作的意见》。

2023 年 3 月，人力资源社会保障部办公厅、教育部办公厅印发《关于做好 2023 年中小学幼儿园教师公开招聘工作的通知》（人社厅函〔2023〕34 号）。

2023 年 4 月，教育部办公厅、财政部办公厅印发《关于做好 2023 年农村义务教育阶段学校教师特设岗位计划实施工作的通知》（教师厅〔2023〕1 号）。

2023 年 6 月，中共中央办公厅、国务院办公厅印发《关于构建优质均衡的基本公共教育服务体系的意见》。

2023 年 6 月，教育部办公厅、财政部办公厅印发《关于做好 2023 年"三区"人才支持计划教师专项计划有关实施工作的通知》（教师厅函〔2023〕12 号）。

2023 年 7 月，教育部、国家发展改革委、财政部印发《关于实施新时代基础教育扩优提质行动计划的意见》（教基〔2023〕4 号）。

2023 年 7 月，教育部、科技部、工业和信息化部、民政部、财政部、人力资源社会保障部、国家卫生健康委、国家医保局、中国科学院、中国科协印发《国家银龄教师行动计划》（教师〔2023〕6 号）。

2023 年 8 月，教育部办公厅印发《关于做好 2023—2024 学年高校银龄教师支援西部计划有关实施工作的通知》（教师厅函〔2023〕18 号）。

2023 年 9 月，教育部、财政部、中国人民银行、金融监管总局印发《关于调整完善助学贷款有关政策的通知》（教财〔2023〕4 号）。

# 专题二　农村医疗卫生事业发展专题报告

农村医疗卫生事业是我国医疗卫生事业的重要组成部分，关乎农民群众身体健康，关乎农村社会事业高质量发展。2023年，各地各部门深入贯彻党的二十大精神，落实新时代党的卫生与健康工作方针，把乡村医疗卫生工作摆在乡村振兴的重要位置，以基层为重点，以体制机制改革为驱动，加快县域优质医疗卫生资源扩容和均衡布局，推动重心下移、资源下沉，健全适应乡村特点、优质高效的乡村医疗卫生体系，不断加强健康乡村建设，农村基本医疗卫生服务可及性和公平性持续提高，农村医疗卫生事业发展取得积极进展。

## 一、推进农村医疗卫生事业发展的重要举措

### （一）加强医疗卫生体系建设

一是优化医疗卫生资源配置。2月，中共中央办公厅、国务院办公厅印发《关于进一步深化改革促进乡村医疗卫生体系健康发展的意见》，提出优化乡村医疗卫生机构布局，根据乡村形态变化和人口迁徙流动情况，因地制宜地合理配置乡村两级医疗卫生资源，宜乡则乡、宜村则村，提升乡村医疗卫生机构单体规模和服务辐射能力，从注重机构全覆盖转向更加注重服务全覆盖。

二是推进紧密型县域医共体建设。12月，经国务院同意，国家卫生健康委等10部门联合印发《关于全面推进紧密型县域医疗卫生共同体建设的指导意见》，将紧密型县域医共体建设由试点转向全面推进，提出根据地理位置、服务人口、现有医疗卫生机构布

局等，组建由县级医院牵头，其他若干家县级医疗卫生机构及乡镇卫生院、社区卫生服务中心等组成的县域医共体。推进以城带乡、以乡带村和县乡一体、乡村一体，加快建设紧密型县域医共体，大力提升基层医疗卫生服务能力。

三是加强中医馆建设。7月，国家中医药局综合司、国家卫生健康委办公厅印发《社区卫生服务中心　乡镇卫生院中医馆服务能力提升建设标准》和《社区卫生服务站　村卫生室中医阁建设标准》，提出深入实施基层中医药服务能力提升工程"十四五"行动计划，更好地指导并推动有条件的地方建设一批具有示范引领作用的基层医疗卫生机构中医馆、中医阁。

## （二）加强基层卫生投入保障力度

一是加大资金支持。中央财政安排资金 30.5 亿元，用于支持县医院和乡村医疗卫生机构能力提升，并对乡村振兴重点帮扶县等予以倾斜，160 个重点帮扶县补助标准由每年 400 万元提高至 800 万元。

二是支持中心卫生院提档升级。12月，国家卫生健康委等 3 部门联合印发《关于实施"优质服务基层行"活动和社区医院建设三年行动的通知》，在前期工作的基础上，深入实施"优质服务基层行"活动和社区医院建设三年行动，重点支持一批中心卫生院建设。中央财政安排新增资金 4.6 亿元，支持西部地区 12 省份及新疆生产建设兵团 228 个乡镇卫生院建设。

三是强化运行保障。中央财政每年安排基本药物制度补助资金 91 亿元，用于支持乡村医疗卫生机构。鼓励有条件的地方对村卫生室运行和乡村医生岗位给予补助，设置村卫生室运行补助和乡村医生岗位补助的县（市、区）占比分别达到 64％和 44％。

## （三）强化农村医疗卫生人才队伍建设

一是做好人才下沉帮扶。3月，国家卫生健康委、国家中医药局、国家疾控局联合印发《关于做好县域巡回医疗和派驻服务工作的指导意见》，指导各地建立县帮乡、乡帮村的人才下沉帮扶机制，推动优质医疗资源下沉基层，保持乡村两级卫生人员"空白点"动态清零，进一步提高乡村基本医疗卫生服务可及性、便利性。

二是实施大学生乡村医生专项计划。4月，国家卫生健康委等5部门联合印发《关于实施大学生乡村医生专项计划的通知》，提出在部分省份实施大学生乡村医生专项计划，由各省专项招聘医学专业高校毕业生免试注册为乡村医生到村卫生室服务，通过事业单位招聘考试的给予事业编制保障，并加大激励和保障力度，引导大学生乡村医生服务农村、扎根农村。2023年大学生乡村医生专项计划招聘大学生村医7 300余人。5月，教育部办公厅印发《关于做好2023年中央财政支持中西部农村订单定向免费本科生医学招生培养工作的通知》，为中西部省份的乡镇卫生院招收培养订单免费五年制本科医学生共计6 150人。

三是提升乡村医务人员能力。继续实施基层卫生人才能力提升培训项目，培训内容涵盖常见病和多发病的诊疗能力、实操能力、突发公共卫生事件和疫情防控等，全年培训骨干人员、骨干全科医生和乡村医生共计6.1万人，其中乡村医生4.7万人。各地采取远程教育、集中培训、临床进修、学历教育等方式，不断提升村医的业务能力，推动乡村医生向执业（助理）医师转化。

## （四）推进乡村公共卫生服务

一是提高基本公共卫生服务财政补助标准。7月，国家卫生健康委等4部门联合印发《关于做好2023年基本公共卫生服务工作的通知》，提出基本公共卫生服务经费人均财政补助标准为89元，较上年增加5元，新增经费重点支持地方强化对老年人、儿童的基本公共卫生服务。2020—2022年累计增加的基本公共卫生服务财政补助经费，继续统筹用于基本公共卫生服务和基层医疗卫生机构开展疫情防控有关工作，重点支持做实做细重点人群健康管理服务，加强传染病及突发公共卫生事件报告和处理，按照服务规范提质扩面，优化服务内容等工作。

二是加强重点人群服务。国家卫生健康委指导各地强化"一老一小"等重点人群健康管理服务。继续以老年人健康体检为抓手做实老年人健康管理服务，加强中医药健康服务。组织开展2023年老年健康与医养结合服务管理项目绩效评价，为1 300多万失能老年人提供健康评估和健康指导服务，为近6 600万老年人提供康复指导、护理技能指导、保健咨询等医养结合服务。做实0～6岁儿童健康管理服务和0～3岁儿童中医药健康管理服务，强化3岁以下婴幼儿健康养育照护和咨询指导、儿童生长发育和心理行为发育评估、儿童超重和肥胖的预防、眼保健和近视防控、口腔保健等健康指导和干预。

## 二、农村医疗卫生事业发展取得的主要成效

党的二十大报告明确提出，发展壮大医疗卫生队伍，把工作重点放在农村和社区。各地各部门不断加强基层医疗卫生服务体系建设，积极改善基层医疗设施条件和服务能力，农村医疗卫生事业取得重要进展。

### （一）乡村医疗卫生体系建设不断完善

#### 1. 乡村医疗卫生机构实现服务全覆盖

目前，全国乡村医疗卫生机构网络已实现乡镇、村屯医疗服务全覆盖。截至2023年底，农村地区2.96万个乡镇共设乡镇卫生院3.4万个，49万个行政村共设村卫生室58.2万个，乡镇卫生院床位数达150万张（图1）。

万张

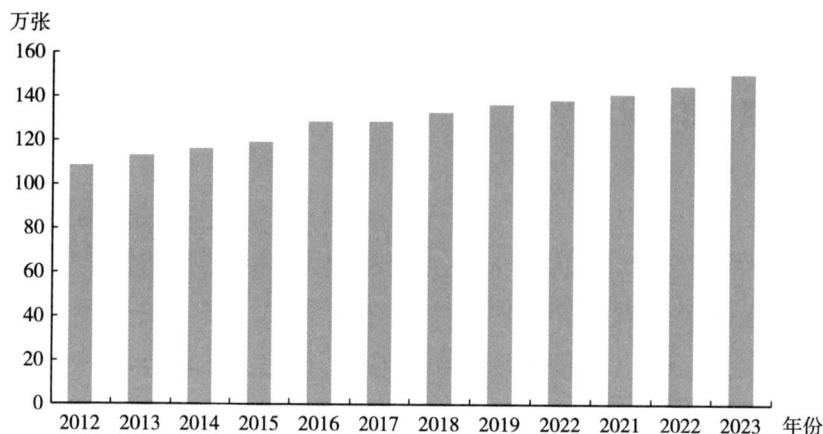

图1　2012—2023年乡镇卫生院床位数

数据来源：历年《中国卫生健康统计年鉴》。

**2. 紧密型县域医共体建设试点阶段成效显著**

近年来，县域医共体充分发挥统一管理、资源共享等方面优势，统筹调配区域内医疗卫生资源，建立健全资源集约配置机制，在提升服务能力和质量、提高医疗卫生资源利用效能等方面取得积极成效。2023年监测显示，全国828个试点县中达到紧密型标准的共673个，占比81.3%，比上年提升4.6个百分点。2018—2022年，紧密型县域医共体试点地区县域内就诊率从81.8%提高至89.9%，牵头医院三四级手术占比从30.3%提升至46.9%，县域内基层医疗卫生机构门急诊占比从55.8%提升至62.7%。

## （二）乡村医疗卫生服务能力不断提高

**1. 县医院医疗服务能力进一步提升**

随着城市医疗医联体和县域医共体建设不断推进，专家对口帮扶、特色科室建设、远程诊疗等举措深入实施，优质医疗资源逐步向农村基层下沉，基层医疗卫生机构基础设施条件不断改善，县域医疗服务能力逐步提升。

一是常见病、多发病相关科室设置和诊疗能力进一步提升。全国县医院普遍设置了内科、外科、妇产科、儿科。重症医学科、康复医学科设置率分别提高到87.44%和86.28%，精神科较2022年提高7.38个百分点。超过98%的县医院能够掌握心衰、肾衰、呼衰等诊断与急救技术；95%以上的县医院能够掌握产科、儿科急危重症救治技术；超过88%的县医院能够进行多发性创伤的诊断与处理。影像、检验、病理等科室服务能力符合基本标准的医院占比全面提高，其中，病理科服务能力符合基本标准的医院占比增速最快，提高7.91个百分点。平均每家县医院能够收治病种种类亚目数达到1 690种，开展的手术和操作种类亚目数达到524种，较2022年分别增加13.50%、7.38%。

二是诊疗数量和效率持续提升。平均每家县医院诊疗人次为37.01万，与2022年基本持平。其中，出院人次为2.44万，较2022年增加14.55%；手术与操作例数达到1.65万例，较2022年增加19.87%；床位使用率达到87.66%，较2022年提高了7.07个百分点；平均住院日7.59天。2023年，全国2 062家县医院参加了县医院能力评估，覆盖了全国98.6%的县，其中有1 894家县医院符合基本标准，1 163家县医院符合推荐标准，县域医疗能力得到了较大提升。

**2. 乡村两级医疗服务能力稳步提升**

一是基础设施建设不断加强。乡镇卫生院床位150万张，比上年增加5.4万张。二是特色专科设置不断完善。提供中医服务的乡镇卫生院占99.6%，村卫生室占82.9%。三是诊疗服务量稳步增长。乡镇卫生院诊疗人次达13.09亿（图2），村卫生室诊疗人次达14.01亿，乡村两级诊疗量占县域诊疗量的比例为54.25%。乡镇卫生院次均门诊费用94.4元，为二级医院的37.25%，次均住院费用2 175.6元，为二级医院的34.11%。

亿人次

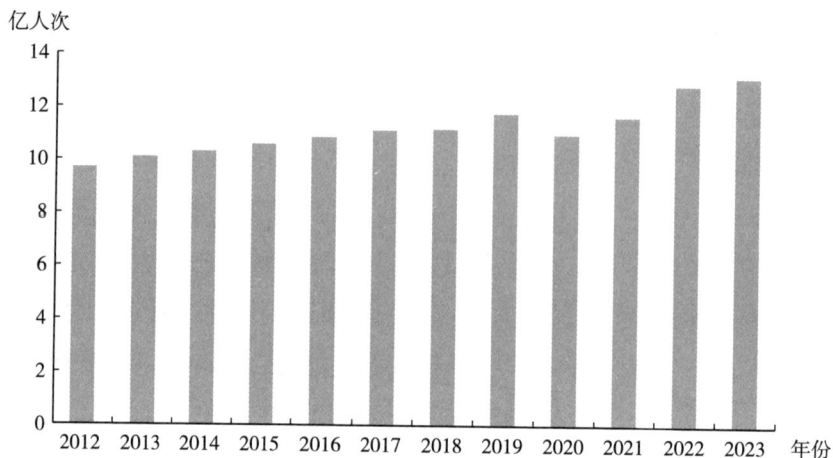

图2　2012—2023年乡村卫生院诊疗人次
数据来源：历年《中国卫生健康统计年鉴》。

### 3. 基本公共卫生服务均等化效果日益显现

巩固做实现有基本公共卫生服务项目，改善群众获得感和感受度。明确年度绩效目标，加强项目绩效管理，规范基本公共卫生服务管理。强化重点人群健康管理服务，提升对高血压、2型糖尿病等慢性病患者健康管理的服务质量，提高城乡居民电子健康档案利用效率。充分利用家庭医生签约服务，做实做细基本公共卫生服务。统筹做好基层疫情防控，加强日常管理服务和健康监测，充分发挥基层医疗卫生机构"哨点"作用，确保对重症高风险人群早发现、早识别、早干预，为防重症发挥基础性作用。2023年，基层医疗卫生机构为1.35亿65岁及以上老年人、1.14亿高血压患者、3 953万糖尿病患者提供健康管理服务。

### （三）乡村医疗卫生人才队伍进一步壮大

#### 1. 乡村医疗卫生人员总量不断提升

截至2023年底，全国共有乡镇卫生人员160万人，比2022年增加7.5万人（图3）；全国村卫生室人员132.7万人，其中注册护士 19.6 万人；农村每千人口卫生技术人员 7.07 人，农村每千人口执业（助理）医师 2.74 人。

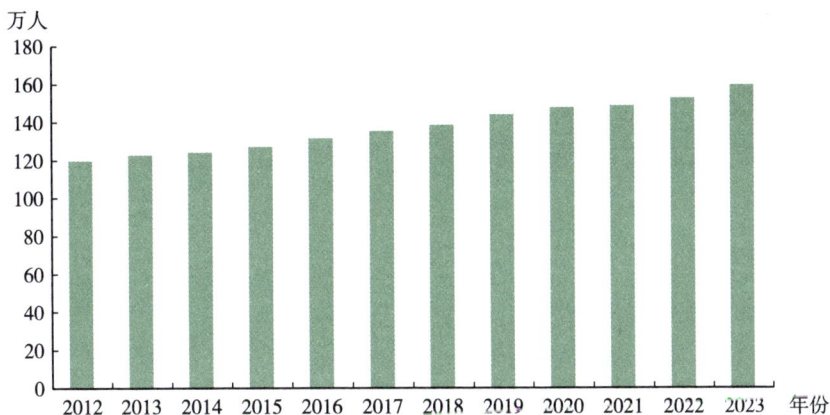

图 3　2012—2023 年乡镇卫生人员数

数据来源：历年《中国卫生健康统计年鉴》。

从人才下沉帮扶工作实施情况来看，2023 年各地区招聘大学生乡村医生超过 7 300 人。农村免费订单医学生有 4 800 人完成住院医师规范化培训，进入乡镇基层岗位工作。全国乡镇卫生院向村卫生室派驻医师超过 20 万人次，有效提升了村级医疗卫生服务水平。

### 2. 乡村医务人员能力进一步提升

村医是农村三级医疗卫生服务的重要支撑，是保障农村居民健康的重要力量。持续实施基层卫生人才能力提升培训项目，2023 年培训乡村医生 4.7 万人。各地采取远程教育、集中培训、临床进修、学历教育等方式，不断提升村医的业务能力，推动乡村医生向执业（助理）医师转化。截至 2023 年末，全国乡村医生队伍中执业（助理）医师和持乡村医生证人员总数达 110 万，其中执业（助理）医师近 51 万，占比达 46%。相较于 2022 年，执业（助理）医师占比提高了 2 个百分点。

# 三、农村医疗卫生事业发展面临的问题和挑战

总体看，农村医疗卫生体系建设取得积极进展，医疗卫生服务能力得到稳步提升。但是农村地区防病治病和健康管理能力还不够强，乡镇卫生院运行机制还不够活，乡村医生养老保障待遇还不高等问题仍然存在。

一是区域间县医院医疗卫生服务能力不平衡。2023年，平均每家县医院有执业（助理）医师211人，东、中、西部地区分别为308人、225人、152人；执业（助理）医师中高级职称人数为65人，东、中、西部地区分别为107人、67人、41人，区域间差距明显。另外，东、中、西部地区符合基本标准的县医院占比分别为98.36％、95.57％、85.99％，西部地区低于东部和中部地区。

二是县域医共体整体服务能力有待提升。优质医疗资源还需进一步下沉，特别是医共体牵头单位受自身人财物力的制约，向基层下沉优质资源力度不够，传帮带作用发挥不明显，下派专业技术人员不能长期坚持驻点，"基层首诊"落实还存在一定障碍。医疗付费"同病不同价"现象仍然存在，基层医疗卫生服务新业态纳入医保难。药品目录不一致，县乡联合诊治和统一采购对基层影响较大，老百姓还未充分就近享受同质医疗服务。

三是基层卫生人才队伍建设亟待加强。乡村两级卫生人员数量不足，与城市相比还有一定差距。2023年，全国每千人口卫生技术人员数，城市为10.89人，农村为7.07人。其中，执业医师城市为3.74人，农村为2.05人。乡镇卫生院执业（助理）医师和注册护士配置比例相对较低，2023年，全国乡镇卫生院医护比为1：0.85，还未达到《"十四五"卫生健康人才发展规划》提出的乡镇卫生院医护比达到1：1.0的目标。

四是乡村两级医疗卫生机构补偿和激励依然不够。在收入和职

业发展空间方面，乡镇卫生院特别是中西部地区乡镇卫生院的工作环境、发展平台和工资待遇与城区差距较大，大医院的"虹吸效应"较强；加上部分乡镇卫生院位置偏僻，经济发展较为落后，在教育、基础设施配套方面难以满足需求，卫生人才愿意长期留下来的意愿不强。乡村医生以参加城乡居民基本养老保险为主，养老保障待遇不高。此外，近几年全国乡镇卫生院基层财政补助收入增长幅度有所降低，乡镇卫生院多渠道补偿作用弱化。

# 四、促进农村医疗卫生事业发展的对策建议

围绕解决好农民群众看病就医方面的急难愁盼问题，坚持"以基层为重点"的工作方针，国家积极出台务实管用的政策举措，为乡村全面振兴筑牢健康基石。

## （一）强化县域内医疗卫生资源统筹和布局优化

一是全面推进紧密型县域医共体建设。加强县域医共体与城市医院的合作，推动优质资源下沉，二三级医院要通过专家派驻、专科共建、临床带教、远程协同、科研和项目协作等方式，推动优质医疗资源下沉，提升县域医共体服务能力和管理水平。

二是强化和拓展县域医疗卫生体系服务功能。健全以县级医院为龙头、乡镇医院为枢纽、村卫生室为基础的乡村医疗卫生服务体系，推进县域内医疗卫生服务一体化。支持县级医院设施和服务能力建设，提高县级医院常见病、多发病、慢性病诊疗、乙级危急重症患者抢救和疑难复杂疾病等向上转诊服务能力。具备条件的基层医疗卫生机构可依法依规开展安宁疗护服务。

三是推进中医药健康服务发展。坚持中西医并重，扩大乡村医疗卫生机构中医药服务供给，完善基层中医药服务网络。力争实现全部乡镇卫生院设置中医馆、配备中医医师，加强基层中医药适宜

技术推广。创造条件提高中医馆、中医阁服务能力。推进县级中医医院"两专科一中心"项目建设，提高县级中医医院中医特色优势专科服务能力、急诊急救能力和基层中医药适宜技术推广能力。

## （二）提升县乡医院服务能力

一是促进资源服务共享。完善区域全面健康信息标准化体系，推进人口信息、电子病历、健康档案等公共卫生信息互联互通共享。畅通乡镇卫生院与上级医院用药衔接，实现目录统一、处方自由流动。鼓励建设县域中心药房，建立缺药登记和配送制度，解决乡村居民用药问题。根据成员单位能力基础，统筹建立县域内资源共享中心，提高资源配置和使用效率，提升服务能力。

二是提升疫情应对和医疗应急能力。加强重大疫情医疗资源和物资储备，加强基层医疗应急小分队建设，完善传染病和突发事件医疗应急处置预案。健全分级分层分流的重大疫情救治机制，提升县域内重大疫情应急和突发公共事件处置能力。加强农村地区重点传染病、地方病、寄生虫病等重点疾病防治，健全城乡一体、上下联动、功能完备的疾控网络，探索建立疾病预防控制监督员制度，促进医防协同、医防融合机制落地见效。

三是强化老年健康服务，推进医养结合。做实老年人健康管理、老年健康和医养结合管理服务等基本公共卫生服务项目。广泛开展老年健康促进行动，持续组织实施老年口腔健康、心理关爱、营养改善、痴呆防治、听力健康等专项行动。持续开展居家失能老年人健康服务行动。充分调动社区、家庭、辖区驻地单位的积极性，动员符合条件的老年人主动利用基本公共卫生服务，积极接受老年人健康管理服务和中医药健康服务。

## （三）加强乡村卫生人才队伍建设

一是多渠道引才用才。改革完善乡村医疗卫生人才培养机制，持续增加全科、儿科、儿童保健科、口腔科以及中医、护理、公共卫生、预防保健、心理健康、精神卫生、康复、职业健康等紧缺人才供给。有序扩大农村订单定向免费医学生培养规模，完善协议服务政策，推动地方根据实际需求，面向农村规范培养拟从事全科医疗的高等职业教育层次医学生，落实艰苦边远地区县乡医疗卫生机构公开招聘倾斜政策。医学专业高等学校毕业生到乡村两级医疗卫生机构工作，按规定享受基层就业学费补偿和国家助学贷款代偿政策。落实医学专业高等学校毕业生免试申请乡村医生执业注册并限期考取执业（助理）医师资格政策。积极组织执业（助理）医师参加全科医生转岗培训，引导符合条件的乡村医生参加执业（助理）医师资格考试，依法取得执业（助理）医师资格。

二是创新人才使用机制。加强县域医疗卫生人才一体化配置和管理，推动有条件的地方探索对招聘引进的医疗卫生人才实行县管乡用、乡聘村用，建立健全人才双向流动机制。适当提高乡镇卫生院的中高级专业技术岗位比例，逐步将乡村一体化管理的村卫生室执业（助理）医师纳入乡镇卫生院职称评聘。统筹县域内医疗卫生人才资源，建立健全定期向乡村派驻医务人员工作机制。鼓励县级医疗卫生机构与县域内乡村医疗卫生机构共同开展家庭医生签约服务，稳步扩大服务覆盖面。健全公共卫生医师制度，探索在乡村医疗卫生机构赋予公共卫生医师处方权。建立公共卫生专业技术人员和医疗机构临床医生交叉培训制度，鼓励人员双向流动。

## （四）增强乡村医生岗位吸引力

一是完善收入和待遇保障机制。落实"允许医疗卫生机构突破现行事业单位工资调控水平，允许医疗服务收入扣除成本并按规定提取各项基金后主要用于人员奖励"要求，统筹平衡乡镇卫生院与当地县级公立医院绩效工资水平的关系，合理核定绩效工资总量和水平。提升乡村医疗卫生机构全科医生工资水平，使其与当地县级公立医院同等条件临床医师工资水平相衔接。完善并落实基本公共卫生服务经费、医保基金和农村居民个人共同负担家庭医生签约服务费政策，拓宽筹资渠道，探索统筹使用，完善分配机制。严格落实乡村医生基本公共卫生服务补助、基本药物制度补助、一般诊疗费等政策，动态调整补助标准，逐步提高乡村医生收入。

二是盘活用好县域编制资源。以县为单位动态调整乡镇卫生院人员编制总量，盘活用好存量编制。拓宽乡村医生发展空间，同等条件下乡镇卫生院优先聘用获得执业（助理）医师资格的乡村医生，进一步吸引执业（助理）医师、医学院校毕业生到村卫生室工作。

# 附录

2023年2月，中共中央办公厅、国务院办公厅印发《关于进一步深化改革促进乡村医疗卫生体系健康发展的意见》。

2023年3月，国家卫生健康委、国家中医药局、国家疾控局印发《关于做好县域巡回医疗和派驻服务工作的指导意见》（国卫基层发〔2023〕5号）。

2023年4月，国家卫生健康委、中央机构编制委员会办公室等5部门印发《关于实施大学生乡村医生专项计划的通知》（国卫基层发〔2023〕9号）。

2023年6月，国家卫生健康委、国家中医药局印发《进一步改善护理服务行动计划（2023—2025年）》（国卫医政发〔2023〕16号）。

2023年7月，国家卫生健康委、财政部、国家中医药局、国家疾控局印发《关于做好2023年基本公共卫生服务工作的通知》（国卫基层发〔2023〕20号）。

2023年7月，国家中医药局综合司、国家卫生健康委办公厅印发《社区卫生服务中心　乡镇卫生院中医馆服务能力提升建设标准》和《社区卫生服务站　村卫生室中医阁建设标准》（国中医药综医政发〔2023〕5号）。

2023年8月，国家卫生健康委办公厅印发《基层卫生健康便民惠民服务举措》（国卫办基层发〔2023〕7号）。

2023年12月，国家卫生健康委办公厅、国家中医药局综合司、国家疾控局综合司印发《关于实施"优质服务基层行"活动和社区医院建设三年行动的通知》（国卫办基层发〔2023〕22号）。

2023年12月，国家卫生健康委、中央机构编制委员会办公室等10部门印发《关于全面推进紧密型县域医疗卫生共同体建设的指导意见》（国卫基层发〔2023〕41号）。

2023年12月，国家中医药局综合司、国家卫生健康委办公厅、教育部办公厅、人力资源社会保障部办公厅印发《关于深化中医馆建设　加强中医医师配备的通知》（国中医药综医政发〔2023〕6号）。

2023年12月，国家卫生健康委印发《乡镇卫生院服务能力评价指南（2023版）和社区卫生服务中心服务能力评价指南（2023版）》（国卫办基层函〔2023〕443号）。

# 专题三　农村社会保障事业发展专题报告

2023 年，各地区各部门坚持把不断满足人民群众对美好生活的向往作为出发点和落脚点，不断完善政策体系，采取扎实有力举措，推动构建更加完善、公平和可持续的社会保障体系，确保农村民生保障更加有力有效。

## 一、推进农村社会保障事业发展的重要举措

### （一）强化农村社会救助和兜底保障能力

一是健全分层分类社会救助体系。10 月，国务院办公厅转发民政部等 10 部门单位《关于加强低收入人口动态监测做好分层分类社会救助工作的意见》，明确低收入人口的范围，将专项救助延伸至低保边缘家庭、刚性支出困难家庭等，根据困难程度和困难类型，对农村低收入人口分层分类提供常态化救助帮扶，巩固拓展社会救助兜底成果。

二是建设全国低收入人口动态监测信息平台。建立健全低收入人口主动发现机制，依靠"大数据比对＋铁脚板摸排"，实时监测发现农村低收入人口的救助需求，分类处置预警信息，及时采取相应帮扶措施，有效避免救助遗漏和重复救助。截至 2023 年底，全国低收入人口动态监测信息平台已归集 6 600 万低收入人口信息，为分层分类开展低收入人口救助帮扶提供了重要支撑，有效避免了因兜底保障不到位而出现规模性返贫的现象。

## （二）着力提高农村养老服务能力

一是强化农村困难老年人养老兜底保障。民政部联合国家发展改革委实施"十四五"积极应对人口老龄化工程，利用中央预算内投资支持特困人员供养服务设施建设改造，提升兜底保障能力。中央财政设立困难群众救助补助资金（支持困难失能老年人基本养老服务救助方向），开展经济困难失能老年人集中照护工作，减轻家庭照护压力。各地普遍建立高龄津贴、经济困难老年人养老服务补贴和护理补贴制度，有效缓解实际生活困难，截至2023年底，共惠及4 334.4万名老年人。

二是持续提升农村养老服务水平。5月，中共中央办公厅、国务院办公厅印发《关于推进基本养老服务体系建设的意见》，用清单化、标准化的方式将基本养老服务作为公共产品向全体老年人提供，截至2023年底，全国各省（自治区、直辖市）已全部制定基本养老服务清单。10月，民政部等11部门印发《积极发展老年助餐服务行动方案》，要求加强农村地区老年助餐服务，因地制宜更好满足农村老年人助餐服务需求。12月，民政部等12部门印发《关于加强养老服务人才队伍建设的意见》，引导更多有能力、有意愿的村民和农村低龄老年人参与提供养老服务，并吸引更多养老服务人才返乡入乡就业创业，为发展农村养老服务事业提供人才支撑。

## （三）提高基本医疗保障能力和服务水平

一是防范化解因病返贫致贫风险。落实国家医保局等5部门《关于坚决守牢防止规模性返贫底线　健全完善防范化解因病返贫致贫长效机制的通知》精神，全国各省份均出台或细化了省级层面配套措施。进一步健全部门间信息共享机制，开展重点人群参保信息比对超过1亿人次。强化基本医疗保险、大病保险、医疗救助三重制度保障，统筹提高托底保障水平，坚决守牢不发生因病规模性返贫的底线。原承担医保脱贫任务的 25 个省份，三重制度综合保障政策惠及农村低收入人口就医 18 649.8 万人次，减轻群众医疗费用负担 1 883.5 亿元。中央财政下达各地医疗救助补助资金 297 亿元，其中支持国家乡村振兴重点帮扶县所在 10 省和新疆、西藏 177.5 亿元。

二是持续做好城乡居民基本医疗保障工作。7 月，国家医保局、财政部、国家税务总局印发《关于做好 2023 年城乡居民基本医疗保障工作的通知》，对推动医保助力乡村振兴提出具体要求，持续推进健全覆盖全民、统筹城乡、公平统一、安全规范、可持续的多层次医疗保障体系。

三是加快医保服务线上办理。深化应用全国统一的医保信息平台，持续加强农村地区医保信息化管理水平。在全国大部分地区实现参保和变更登记、参保信息查询、医保关系转移接续、异地就医备案等医保服务事项线上办理。截至 2023 年底，医保政务服务事项线上可办率达到 70％左右。推进医保政务服务规范化，国家医疗保障局印发《全国医保经办政务服务事项清单（2023 年版）》，要求各地严格执行，进一步精简办理材料，缩短时限、规范服务、提升效能。推动参保登记、异地就医备案等医保服务事项下沉至乡镇、村等具有承接能力的基层医保服务网点、定点医药机构，鼓励基层医保服务网点为群众提供帮办代办等服务。

## （四）强化农民工就业创业政策扶持

一是促进农民工就业。持续实施人力资源服务机构稳就业促就业行动，鼓励引导人力资源服务机构开展劳务协作、技能培训、助力劳务品牌建设等服务，开展 2023 年春风行动暨就业援助月、春暖农民工等活动，集中开展政策宣讲、劳务对接、专场招聘等帮扶，帮助农民工外出务工和就近就业。健全东西部人社协作机制，创新协作方式，强化服务保障，持续深化劳务协作。组织开展防止返贫就业攻坚行动，从健全劳务协作机制、拓宽就近就业渠道、加强重点群体和重点地区帮扶力度等方面明确八项重点任务，全力稳定脱贫人口务工规模。

二是推进农民工返乡创业。持续实施重点群体创业推进行动，聚焦农民工、脱贫人口等重点群体，完善扶持政策，优化创业服务，支持更多群体投身创业行动。加强返乡创业园等载体建设，强化创业担保贷款政策落实，提供政策、培训、场地全链条支撑，推进返乡入乡创业。4月，国务院办公厅印发《关于优化调整稳就业政策措施全力促发展惠民生的通知》，聚焦高校毕业生、农民工等群体创业需求，支持其创办投资少、风险小的创业项目，从事创意经济、个性化定制化文化业态等特色经营。

三是大力开展农民工职业技能培训。1月，人力资源社会保障部等9部门印发《关于开展县域农民工市民化质量提升行动的通知》，提出大规模开展农民工职业技能培训，持续提升技能素质和稳定就业能力。12月，人力资源社会保障部办公厅印发《关于加强农民工职业技能培训工作的意见》，指导各地结合农民工需求积极开展培训，为农民工提供有针对性的就业及培训政策解读、职业指导、技能培训、岗位推荐等全链条服务，促进农民工技能提升和就业创业。2023年共开展补贴性职业技能培训1 822万人次，其中培训农民工（包括在岗农民工和农村转移就业劳动者）643万人次。

## （五）"输血+造血"提升残疾人生活水平

一是持续落实完善残疾人两项补贴制度，提升农村残疾人福利水平。民政部会同公安部、人力资源社会保障部、国家卫生健康委、中国残联等部门建立部级数据共享和数据核对工作机制，持续推动残疾人两项补贴精准管理。同时，民政部会同中国残联指导全国范围内全面建立残疾人两项补贴标准动态调整机制，2023年共有 16 个省份提高补贴标准，11 个省份拓展补贴对象覆盖范围。指导各地抓紧落实"全程网办""跨省通办""主动服务"等便民服务机制。截至 2023 年底，全国有 1 180.4 万残疾人领取了困难残疾人生活补贴，1 584 万残疾人领取了重度残疾人护理补贴，全国残疾人两项补贴平均标准分别为 156.6 元/月和 123.8 元/月。领取两项补贴的农村户籍残疾人达 1 625.6 万人，有效缓解了农村残疾人基本生活和护理困难。残疾人两项补贴"全程网办"申请 40 227 人，"跨省通办"申请 2 445 人。

二是推动困难重度残疾人家庭无障碍改造，提高残疾人生活质量。8 月，中国残联印发《关于进一步提高困难重度残疾人家庭无障碍改造工作质量的通知》，明确将城乡困难重度残疾人家庭作为"十四五"期间家改工作的重点，针对现阶段制约家改工作提质增效的主要短板和突出问题，提出推动纳入大局、落实经费保障、完善政策方案、严格监督管理、改进数据录入和考核等方面的要求。明确要优先改造易返贫致贫监测户、一户多残、就业年龄段残疾人等特殊困难残疾人家庭。

三是强化残疾人就业帮扶，破解残障群体就业难题。3 月，中国残联、工业和信息化部、财政部、人力资源社会保障部、农业农村部、国家邮政局、国家乡村振兴局、中国农业银行等 8 部门印发《关于加大对农村残疾人就业帮扶工作力度的通知》，进一步聚焦有就业愿望、就业能力且生活能够自理的农村残疾人，帮扶其参加生产劳动和就业创业从而实现增收。各级残联积极开展农村困难残疾人实用技术培训，全年共培训农村残疾人 25.9 万人次。为进一步减轻用人单位负担，调动企业雇用残疾人的积极性，3 月，财政部印发《关于延续实施残疾人就业保障金优惠政策的公告》，明确延续实施残疾人就业保障金分档减缴政策，对在职职工人数 30 人（含）以下的企业，免征政策延续实施至 2027 年底。

## 二、农村社会保障事业发展取得的主要成效

2023 年，我国农村社会救助力度持续加大，城乡居民基本养老保险待遇稳步提高，农村养老服务体系不断健全，城乡居民基本医疗保险参保质量持续升级，农民工权益保障举措更加有力，残疾人内生发展动力不断强化，农村社会保障网进一步织密织牢。

### （一）农村低保和特困人员救助支持力度加大

农村低保财政支出同比增加、平均标准稳步提升。截至 2023 年底，我国共有低保对象 4 063.4 万人，其中农村低保对象 3 399.7 万人，较 2022 年的 3 349.6 万人增加 1.5%。从各级财政支出来看，2023 年各级财政支出 1 483.9 亿元，较 2022 年增加了 20.3 亿元、增长 1.4%。从保障标准来看，2023 年农村低保平均标准达 7 455.6 元/（人·年），较 2022 年增加了 470.4 元、增长 6.7%，较 2012 年增加了 5 387.8 元、增长 260.6%（表 1）。

表 1　2012—2023 年农村低保情况

| 年份 | 低保人数（万人） | 各级财政支出（亿元） | 平均标准[元/（人·年）] | 平均标准增长率（%） |
|------|------|------|------|------|
| 2012 | 5 344.5 | 718.0 | 2 067.8 | 20.3 |
| 2013 | 5 388.0 | 866.9 | 2 434.0 | 17.7 |
| 2014 | 5 207.2 | 870.3 | 2 777.0 | 14.1 |
| 2015 | 4 903.6 | 931.5 | 3 177.6 | 14.4 |
| 2016 | 4 586.5 | 1 014.5 | 3 744.0 | 17.8 |
| 2017 | 4 045.2 | 1 051.8 | 4 300.7 | 14.9 |
| 2018 | 3 519.1 | 1 056.9 | 4 833.4 | 12.4 |
| 2019 | 3 455.4 | 1 127.2 | 5 335.5 | 10.4 |

（续）

| 年份 | 低保人数<br>（万人） | 各级财政支出<br>（亿元） | 平均标准<br>[元/(人·年)] | 平均标准增长率<br>（%） |
|---|---|---|---|---|
| 2020 | 3 620.8 | 1 426.3 | 5 962.3 | 11.7 |
| 2021 | 3 474.5 | 1 349.0 | 6 362.2 | 6.7 |
| 2022 | 3 349.6 | 1 463.6 | 6 985.2 | 9.8 |
| 2023 | 3 399.7 | 1 483.9 | 7 455.6 | 6.7 |

数据来源：民政部 2012—2017 年《社会服务发展统计公报》，2018—2023 年《民政事业发展统计公报》。

农村特困人员救助力度持续加大。截至 2023 年底，全国共有农村特困人员 435.4 万人。2023 年，农村特困人员基本生活平均标准为11 213 元 /（人·年），全自理、半护理和全护理照料护理平均标准分别为 2 161 元/（人·年）、4 927 元/（人·年）和10 076 元 /（人·年）；全年支出农村特困人员救助供养资金500.2亿元，较 2022 年的 477.1 亿元增加 4.8%，较 2015 年的 210.0 亿元增加 138.2%（表 2）。

表 2　2015—2023 年农村特困人员救助供养情况

| 年份 | 农村特困人员数（万人） | 各级财政支出（亿元） | 财政支出增长率（%） |
|---|---|---|---|
| 2015 | 516.7 | 210.0 | 10.6 |
| 2016 | 496.9 | 228.9 | 9.0 |
| 2017 | 466.9 | 269.4 | 17.7 |
| 2018 | 455.0 | 306.9 | 13.9 |
| 2019 | 439.1 | 346.0 | 12.7 |
| 2020 | 446.3 | 424.0 | 22.5 |
| 2021 | 437.3 | 429.4 | 1.3 |
| 2022 | 434.5 | 477.1 | 11.1 |
| 2023 | 435.4 | 500.2 | 4.8 |

数据来源：民政部 2015—2017 年《社会服务发展统计公报》，2018—2023 年《民政事业发展统计公报》。

## （二）农村居民养老保障水平不断提升

中央继续提高全国城乡居民基本养老保险基础养老金最低标准。截至 2023 年底，城乡居民基本养老保险参保人数为 54 522 万人（占我国基本养老保险参保人数的 51.1%、实际领取待遇人数为 17 268 万人）（表 3）。我国城镇职工基本养老保险参保人数 52 121 万人（占我国基本养老保险参保人数的 48.9%），较上年末增加 1 766 万人。农村外出务工人员、灵活就业人员参加城镇职工基本养老保险的积极性不断提高。

表 3　2014—2023 年城乡居民基本养老保险参保人数及基金收支情况

| 年份 | 参保人数（万人） | 基金收入（亿元） | 基金支出（亿元） | 累计结存（亿元） |
|---|---|---|---|---|
| 2014 | 50 107 | 2 310 | 1 571 | 3 845 |
| 2015 | 50 472 | 2 855 | 2 117 | 4 592 |
| 2016 | 50 847 | 2 933 | 2 150 | 5 385 |
| 2017 | 51 255 | 3 304 | 2 372 | 6 318 |
| 2018 | 52 392 | 3 838 | 2 906 | 7 250 |
| 2019 | 53 266 | 4 107 | 3 114 | 8 249 |
| 2020 | 54 244 | 4 853 | 3 355 | 9 759 |
| 2021 | 54 797 | 5 339 | 3 715 | 11 396 |
| 2022 | 54 952 | 5 609 | 4 044 | 12 962 |
| 2023 | 54 522 | 6 185 | 4 613 | 14 534 |

数据来源：人力资源社会保障部 2014—2023 年《人力资源和社会保障事业发展统计公报》。

城乡居民基本养老保险基金结余不断增加，筑牢"老有所养"基础。2023 年，我国城乡居民基本养老保险基金收入 6 185 亿元、同比增长 10.3%，基金支出 4 613 亿元、同比增长 14.1%，年末基金累计结存 14 534 亿元、同比增长 12.1%。养老保险基金保持收大于支，收入与支出增速均较上年有所回升，累计结余持续增加，增速持续保持在 10％以上，继续保障了"累计有结余，长远有储备"。

农村养老服务体系不断健全，服务能力稳步提升。大力推动县乡村相衔接的三级农村养老服务网络建设，强化县级养老机构照护能力，发展乡镇（街道）区域养老服务中心或为老服务综合体，不断探索建立政府扶持引导、村集体组织建设、老年人自愿入住相互帮扶、社会广泛支持的村级互助养老发展路径。农村"一老一小幸福院"、慈善幸福院、互助养老点等服务设施更加完善，农村老年人助餐助洁、生活护理、娱乐休闲、精神慰藉等需求得到不断满足，县域统筹、城乡协调、符合乡情的农村养老服务体系加速推进，农村老年人的获得感、幸福感、安全感不断提升。截至 2023 年底，全国共有村级养老服务机构和设施 23.2 万个，农村幸福院等互助型养老设施约 14.4 万个，农村特困人员供养服务设施约 1.6 万个，床位 170.7 万张。

## （三）城乡居民基本医疗保险参保质量持续提高

截至 2023 年底，我国基本医疗保险覆盖 133 389 万人，参保覆盖面稳定在 95％以上。其中，城乡居民基本医疗保险参保人数 96 294 万人，与往年相比参保人数略有下降。总体看，参保人数下降与清理居民医保跨省和省内重复参保数据、大学生毕业就业等新增就业因素使得部分原来参加居民医保的群众转为参加职工医保有关，且随着我国人口老龄化、少子化的持续发展，特别是伴随我国人口总量的下降，未来居民医保参保人数可能也会稳中有降。

参保质量持续提高。2023 年，城乡居民基本医保人均财政补助标准再提高 30 元，达到每人每年不低于 640 元，同步提高个人缴费标准 30 元，达到 380 元。原承担医保脱贫攻坚任务的 25 个省份通过医疗救助共资助 7 308.2 万低收入人口参加基本医疗保险，累计支出 153.8 亿元，人均资助 210.5 元，纳入监测的农村低收入人口和防止返贫监测对象参保率稳定在 99％ 以上。医保缴费标准的提高，有力支撑了保障范围的持续拓展，提高了群众就医报销比例，有效增强了群众健康福祉。

大病保险减负作用明显增强。目前，国家规定大病保险起付标准原则上不高于统筹地区居民上年度人均可支配收入的 50％，支付比例不低于 60％，居民医保叠加大病保险最高支付限额原则上达到当地居民人均可支配收入的 6 倍左右。对低保对象、特困人员和返贫致贫人口，大病保险起付标准降低 50％，支付比例提高 5 个百分点，并取消最高支付限额。2023 年，我国城乡居民大病保险报销惠及 1 156 万人，人均减负 0.79 万元。

## （四）农民工权益保障扎实有力

农民工合法权益得到有力维护。6 月，人力资源社会保障部等组织开展劳动用工"查风险、强协商、保支付、促和谐"专项行动，及时督促企业妥善化解基层欠薪矛盾隐患。人力资源社会保障部印发新就业形态劳动者权益保障系列指引指南，加强对平台企业用工的针对性指导，引导企业与新就业形态劳动者合规订立劳动合同、书面协议，公平确定劳动报酬，科学安排工作时间，指引劳动者依法维护自身权益。9 月，国务院办公厅印发《保障农民工工资支付工作考核办法》，对各省（自治区、直辖市）人民政府及新疆生产建设兵团保障农民工工资支付工作实施年度考核，进一步压实保障农民工工资支付工作属地监管责任，依法保障农民工劳动报酬权益。

进城农民工对所在城市的归属感和适应度不断增强。《2023 年农民工监测调查报告》显示，进城农民工中有 47.3％ 认为自己是所居住城市的"本地人"，比上年提高 1.6 个百分点。从进城农民工对本地生活的适应情况看，有 86.3％ 的农民工表示对本地生活非常适应和比较适应，比上年提高 1.1 个百分点（表 4）。

表 4　2017—2023 年农民工总量及社会融入情况

| 年份 | 认为是本地人（%） | 非常适应生活（%） | 比较适应生活（%） |
|---|---|---|---|
| 2017 | 38.0 | 18.4 | 62 |
| 2018 | 38.0 | 19.6 | 61.5 |
| 2019 | 40.0 | 20.8 | 59.8 |
| 2020 | 41.4 | 23.8 | 59.5 |
| 2021 | 41.5 | 83 | |
| 2022 | 45.7 | 85.2 | |
| 2023 | 47.3 | 86.3 | |

数据来源：国家统计局 2017—2023 年《农民工监测调查报告》。

## （五）农村残疾人内生发展动力不断增强

残疾人康复服务供给不断增加。全国已有残疾人康复机构 12 463 个，康复机构在岗人员达 36.0 万人，其中，管理人员 3.7 万人，业务人员 26.6 万人，其他人员 5.7 万人。全国已竣工的各类残疾人综合服务设施 2 280 个（表 5）。以农村困难残疾人为重点，持续开展残疾人精准康复服务行动，871.8 万残疾人得到基本康复服务，160.8 万残疾人得到基本辅助器具适配服务。民政部会同财政部、国家卫生健康委、中国残联部署开展"精康融合行动"，服务精神障碍患者及其家庭成员 372 万人次。

表 5　2017—2023 年残疾人服务机构及人员设施情况

| 年份 | 康复机构（个） | 在岗人员（万人） | 托养服务机构（个） | 综合服务设施（个） |
|---|---|---|---|---|
| 2017 | 8 334 | 24.6 | 7 923 | 2 340 |
| 2018 | 9 036 | 25.0 | 8 435 | 2 364 |
| 2019 | 9 775 | 26.4 | 9 941 | 2 341 |

（续）

| 年份 | 康复机构<br>（个） | 在岗人员<br>（万人） | 托养服务机构<br>（个） | 综合服务设施<br>（个） |
|---|---|---|---|---|
| 2020 | 10 440 | 29.5 | 8 370 | 2 318 |
| 2021 | 11 260 | 31.8 | 11 278 | 2 290 |
| 2022 | 11 661 | 32.8 | — | 2 263 |
| 2023 | 12 463 | 36.0 | — | 2 280 |

数据来源：中国残疾人联合会《2017 年中国残疾人事业发展统计公报》，2018—2023 年《残疾人事业发展统计公报》。

农村残疾人就业规模持续扩大。《2023 年残疾人事业发展统计公报》显示，全国城乡残疾人新增就业 54.4 万人，其中农村新增就业 39.2 万人；全国城乡持证残疾人就业人数为 906.1 万人，其中从事农业生产（种养加）423.1 万人（表6）。

表6 2017—2023 年残疾人就业情况

| 年份 | 持证残疾人就业人数<br>（万人） | 持证残疾人新增就业（万人） | |
|---|---|---|---|
| | | 全国 | 其中：农村 |
| 2017 | 942.1 | 35.5 | 22.4 |
| 2018 | 948.4 | 36.7 | 24.9 |
| 2019 | 855.2 | 39.1 | 26.9 |
| 2020 | 861.7 | 38.1 | 24.9 |
| 2021 | 881.6 | 40.8 | 27.6 |
| 2022 | 905.5 | 59.2 | 44.9 |
| 2023 | 906.1 | 54.4 | 39.2 |

数据来源：中国残疾人联合会《2017 年中国残疾人事业发展统计公报》，2018—2023 年《残疾人事业发展统计公报》。

# 三、农村社会保障事业发展面临的主要问题和对策建议

近年来,我国农村社会保障事业扎实稳步推进,有效增强了农民群众获得感、幸福感、安全感。但总体看,当前的社会保障水平城乡差距仍然较大,农民人均占有的社会保障资源相对较低,养老、医疗、照护、就业等方面仍然是当前农村民生事业的薄弱环节。下一步,应在农村社会保障事业优机制、补短板、强弱项上持续发力,发挥好农村社会保障"兜底线""保基本""促稳定"的作用,切实提高农村社会保障水平。

## (一) 完善农村医疗和养老保险缴费设计

在医疗费用持续增长背景下,为确保居民医保参保人待遇水平不降低,城乡居民基本医保筹资标准逐年调增,个人缴费增幅较大,一定程度增加了低收入农村居民缴费负担。同时,养老保险待遇水平偏低,保基本功能发挥不足的问题仍未得到有效解决。要进一步健全基本医疗保险参保长效机制,有针对性地完善激励约束、分类资助参保等措施,有效调动农民群众参保积极性,形成良好参保局面。加速健全完善城乡居民基本养老保险筹资和待遇调整机制,鼓励各地探索基于居民收入增长、物价变动等情况,适时调整基础养老金标准,优化缴费档次标准设置供居民选择。

## (二) 加快补齐农村养老服务短板

总体看,当前各级政府对农村养老服务的投入以特困老年人兜底保障为主,难以满足大多数居家老年人在生活照料、精神慰藉等方面的服务需求。下一步,应围绕让农村老年人普遍享有更高质量的养老服务的目标,进一步加大政府投入力度,推进县域养老服务

网络往村延伸覆盖，持续拓展农村养老服务内容，加快构建县域统筹、符合乡情、保障适度有力的农村养老服务体系。一是强化农村养老服务投入保障。明确政府发展农村养老服务的投入主体责任，更好地发挥村级组织作用，探索设立政府公益性基金、专项债券，推动资金、设施、人才等要素向农村倾斜。二是健全农村养老服务网络。根据农村老年人口分布结构和区域条件，科学规划农村养老服务点布局。支持县级养老院、乡镇敬老院与村级养老服务点组成养老服务联合体，强化公办机构对村级养老设施的辐射带动作用。三是积极发展助餐、助医等普惠型养老服务。针对农村养老服务供给总量不足与结构不平衡矛盾，紧扣农民居家养老日常高频需求和急难愁盼问题，聚焦助餐、助浴、助医、助洁、助行、助急等小切口，成熟一项推广一项，由点带面提升农村养老服务水平。四是增强农村养老内生动力。依法保障农村老年人土地承包权、宅基地使用权、集体收益分配权等合法权益。积极发展农业社会化服务，提高服务覆盖面，为老年人种地提供支撑。大力发展"党建＋农村养老"模式，引导有条件的村将集体收益公益金公积金主要用于村级养老投入。

### （三）多措并举推进农民工社会保障工作

针对农民工等灵活就业群体以个人名义缴纳城镇职工社保负担较重、对社保转移接续政策知晓度不高等问题，推动全面取消在就业地参保户籍限制，完善社保关系转移接续政策。开展"社保服务进万家"政策宣传活动，引导有意愿、有缴费能力的农民工实现"应保尽保"。强化用人单位的社保缴纳责任，加强自律、依法用工，自觉履行其应当承担的用工和权益保障责任，确保农民工的劳动权益得到有效保障，促进高质量充分就业。

### （四）为残疾人生产生活创造更好的条件

聚焦农村残疾人在日间照料、无障碍建设、稳岗就业等基本生产生活方面的实际困难，结合农业农村发展实际，加强关心关爱、强化环境建设、促进就业创业，进一步加强对农村残疾人的关爱帮扶。提高农村残疾人日间照料服务能力。推动形成以残疾人托养中心为主体，社区照料和社会化服务资源为补充的残疾人日间照料服务设施体系。注重从使用者实际需求出发，积极开展无障碍基础设施和无障碍家庭环境建设，提高无障碍设施在农村的覆盖率。加强无障碍服务人才培养，为实现相关设施常态化持续性运维提供支撑。鼓励农村残疾人广泛参与职业技能和实用技术培训，特别是顺应社会发展和产业结构调整趋势，在互联网、新媒体、电商等新产业、新业态方面组织培训，满足残疾人数字化就业创业需求。

# 附录

2023 年 1 月，人力资源社会保障部、国家发展改革委、教育部、公安部、财政部、住房城乡建设部、农业农村部、国家医保局、全国总工会印发《关于开展县域农民工市民化质量提升行动的通知》（人社部发〔2023〕8 号）。

2023 年 3 月，中国残联、工业和信息化部、财政部、人力资源社会保障部、农业农村部、国家邮政局、国家乡村振兴局、中国农业银行印发《关于加大对农村残疾人就业帮扶工作力度的通知》（残联发〔2023〕10 号）。

2023 年 3 月，财政部发布《关于延续实施残疾人就业保障金优惠政策的公告》（财政部公告 2023 年第 8 号）。

2023 年 4 月，国务院办公厅印发《关于优化调整稳就业政策措施全力促发展惠民生的通知》（国办发〔2023〕11 号）。

2023 年 5 月，民政部、国家乡村振兴局印发《全国性社会组织、东部省（直辖市）社会组织与 160 个国家乡村振兴重点帮扶县结对帮扶名单》（民函〔2023〕49 号）。

2023 年 5 月，中共中央办公厅、国务院办公厅印发《关于推进基本养老服务体系建设的意见》。

2023 年 7 月，国家医保局、财政部、国家税务总局印发《关于做好 2023 年城乡居民基本医疗保障工作的通知》（医保发〔2023〕24 号）。

2023 年 9 月，国务院办公厅印发《保障农民工工资支付工作考核办法》（国办发〔2023〕33 号）。

2023 年 10 月，国务院办公厅转发民政部等单位《关于加强低收入人口动态监测做好分层分类社会救助工作的意见》（国办发〔2023〕39 号）。

2023 年 10 月，民政部、国家发展改革委、财政部、人力资源社会保障部、自然资源部、住房城乡建设部、农业农村部、商务部、应急管理部、税务总局、市场监管总局印发《积极发展老年助餐服务行动方案》（民发〔2023〕58 号）。

2023 年 11 月，人力资源社会保障部办公厅印发《关于印发〈新就业形态劳动者休息和劳动报酬权益保障指引〉〈新就业形态劳动者劳动规则公示指引〉〈新就业形态劳动者权益维护服务指南〉的通知》（人社厅发〔2023〕50 号）。

2023 年 12 月，民政部、国家发展改革委、教育部、财政部、人力资源社会保障部、住房城乡建设部、农业农村部、商务部、国家卫生健康委、市场监管总局、税务总局、全国老龄办印发《关于加强养老服务人才队伍建设的意见》（民发〔2023〕71 号）。

2023 年 12 月，人力资源社会保障部办公厅印发《关于加强农民工职业技能培训工作的意见》（人社厅发〔2023〕55 号）。

# 专题四　农村文化体育事业
# 发展专题报告

2023 年，各地各部门深入贯彻党中央、国务院决策部署，加强农村文体设施建设，优化乡村文体服务和产品供给，推动优质文化资源向农村延伸覆盖，不断提升农民身体素质、丰富群众精神文化生活。

## 一、推进农村文化和体育发展的重要举措

### （一）加强政策引领

1 月，中共中央、国务院印发《关于做好 2023 年全面推进乡村振兴重点工作的意见》，提出发展乡村文化体育、旅游休闲等生活服务，实施文化产业赋能乡村振兴计划。同月，文化和旅游部、教育部、自然资源部等 5 部门联合印发《关于开展文化产业赋能乡村振兴试点的通知》，旨在促进乡村文化和旅游融合发展，形成可复制可推广的典型经验做法，推动宜居宜业宜游和美乡村建设。5 月，体育总局、中央文明办、国家发展改革委、农业农村部等 12 部门联合印发《关于推进体育助力乡村振兴工作的指导意见》，提出将体育作为乡村发展的重要内容，要以体育助力乡村建设、以体育赋能农业发展、以体育促进农民健康，稳步推进体育助力乡村振兴。7 月，国家发展改革委、教育部、民政部等 10 部门联合印发《国家基本公共服务标准（2023 年版）》，进一步明确了政府保障基本公共文化服务的底线和责任。8 月，文化和旅游部办公厅印发《关于持之以恒推动乡镇综合文化站创新发展的实施方案》，提出进

一步优化基层文化资源配置，广泛组织乡村品牌文化活动，充分发挥乡镇综合文化站阵地作用，加强基层文化队伍建设。

## （二）加大资金支持

2023年，全国财政文化资金预算安排3 933.7亿元，比上年增加35.8亿元。其中，一般公共预算支出3 896.6亿元，比上年增加30.7亿元。4月，财政部下达中央支持地方公共文化服务体系建设补助资金149.6亿元、国家非物质文化遗产保护资金8.3亿元、文化人才专项经费3.3亿元等资金预算，用于支持完善公共文化服务体系，提升公共文化服务水平，加强国家非物质文化遗产管理和保护，支持艰苦边远地区和基层一线文化人才队伍建设。其中，中央支持地方公共文化服务体系建设补助资金，按照民族地区拥有的有线高清交互数字机顶盒核定补助，每户一次性补助100元。中央财政对入选传统村落集中连片保护利用示范的县（市、区）予以定额奖补，拨付补助资金超过17.6亿元，补助基准根据地区不同而有所差异，东、中、西部示范县的补助基准分别为3 000万元、4 000万元、5 000万元。同月，财政部下达公共体育场馆向社会免费或低收费开放补助资金11.8亿元，用于推动公共体育场馆向社会免费或低收费开放。6月，财政部下达中央集中彩票公益金支持体育事业专项资金18.2亿元，包括一般补助资金约15.9亿元和重点项目资金约2.3亿元，重点项目资金主要用于支持体育事业发展，促进全民健身，推动体育强国建设，构建更高水平的全民健身公共服务体系等。其中，全民健身场地器材补短板工程按每个街道（乡镇）20万元核定，一年支持1 000个乡镇。

## （三）强化农村文化体育人才培养

一是培育乡村工匠。7月，农业农村部、教育部、工业和信息化部等7部门联合印发《乡村工匠"双百双千"培育工程实施方案》，提出实施乡村工匠"双百双千"培育工程，遴选千名乡村工匠名师、百名乡村工匠大师，挖掘一批传统工艺和乡村手工业者，培育一支服务乡村振兴的乡村工匠队伍。设立一批乡村工匠工作站、名师工作室、大师传习所，扶持乡村工匠领办创办特色企业，打造乡村工匠品牌。

二是培养乡村文化和旅游带头人。5月，文化和旅游部办公厅、农业农村部办公厅联合印发《乡村文化和旅游带头人支持项目实施方案（2023—2025年)》，通过加强联系服务、实施项目资助、搭建交流平台、强化教育培训、鼓励创新实践等方式，每年培养支持500名左右的全国乡村文化和旅游带头人，充分发挥乡村文化和旅游带头人在乡村振兴中的示范引领和辐射带动作用，推动乡村文化和旅游高质量发展。

三是加大农村体育人才队伍建设。7月，体育总局、农业农村部、全国妇联联合印发《关于开展"万村女性社会体育指导员培训计划"的通知》，决定在1万个以上行政村培训女性社会体育指导员，并积极利用社会体育指导员在农村开展全民健身活动，2023年共在全国2万个行政村培养了近5万名女性社会体育指导员。8月，体育总局办公厅印发《关于开展"奋进新征程 运动促健康"全民健身志愿服务系列活动的通知》，以"运动进乡村·健康伴你行"为主题，常态化开展促进乡村振兴全民健身志愿服务活动，推动全民健身公共服务城乡均衡发展。9月，体育总局办公厅印发《关于开展2023年全民健身志愿服务优秀案例征集活动的通知》，要求总结推广各地各部门全民健身志愿服务工作成果和先进经验，指导更多志愿服务组织和志愿者积极参与全民健身志愿服务活动。

## （四）广泛开展群众性文化体育活动

一是持续开展文化科技卫生"三下乡"活动。5月，中央宣传部、中央精神文明建设办公室、国家发展改革委等14部门联合部署 2023 年文化科技卫生"三下乡"活动，要求各地各有关部门把"三下乡"活动作为助力全面推进乡村振兴的有力抓手，着眼于促进农业全面升级、农村全面进步、农民全面发展，进一步宣传党的创新理论、深化思想政治引领、加强农村文化供给、更好地服务群众需求，全面提升农村精神风貌。

二是开展乡村文化活动。4 月，中宣部、农业农村部组织启动为期半年的 2023"新时代乡村阅读季"，通过主题出版物阅读、"我爱阅读 100 天"读书打卡、发现乡村阅读榜样等活动，引导出版、发行、文化等机构下乡服务，带动上亿农民开卷阅读，有力推动乡村书香社会建设。文化和旅游部、农业农村部举办"大地欢歌"乡村文化活动年活动，指导各地开展"四季村晚"、"我们的中国梦——文化进万家"、网络书香乡村阅读推荐等活动，创新农村公共文化服务供给，广泛开展富有农趣农味的农耕民俗节庆活动，赋能乡村振兴。

三是创新农民体育活动。6 月，农业农村部、体育总局联合印发《关于举办全国和美乡村篮球大赛（村 BA）的通知》，指导中国农民体育协会、中华全国体育总会群体部通过举办全国性、群众性且富有农趣农味的乡村篮球比赛，进一步增强农民群众健身意识、加强农村精神文明建设，突出展示新时代农民风采、展现乡村风貌，营造全社会关心关注宜居宜业和美乡村建设的浓厚氛围。继续组织开展全国和美乡村健康跑等特色活动，引导各地自主举办村超、广场舞等具有地方特色的农民体育活动。

## （五）保护传承优秀农耕文化

一是持续开展农业文化遗产发掘认定。挖掘认定北京怀柔板栗栽培系统等 50 项传统农业系统为第七批中国重要农业文化遗产，将更多代表和见证优秀农耕文化的传统农业系统纳入保护范围。开展中国重要农业文化遗产保护传承年度报告等工作，压实地方保护责任。举办"农业文化遗产里的中国"文化展示活动，多渠道、多形式传播农耕智慧。11月，河北宽城传统板栗栽培系统、安徽铜陵白姜种植系统和浙江仙居古杨梅群复合种养系统三项遗产系统被联合国粮农组织认定为全球重要农业文化遗产。

二是加强非物质文化遗产保护传承。文化和旅游部推进第六批国家级非遗代表性传承人认定工作，继续壮大非遗代表性传承人队伍。文化和旅游部、人力资源社会保障部、原国家乡村振兴局共同组织开展"非遗工坊典型案例"推荐工作，确定66个"非遗工坊典型案例"。农业农村部推动"农历二十四节气"列入国家级非物质文化遗产代表性项目名录，举办节气创意大赛和专题展，指导各地因地制宜开展富有乡土气韵的节气活动。

三是推进传统村落保护利用。3月，住房城乡建设部、文化和旅游部、国家文物局等6部门联合印发《关于公布第六批列入中国传统村落名录村落名单的通知》，将北京市房山区史家营乡柳林水村等1 336个村落列入第六批中国传统村落名录。住房城乡建设部联合财政部继续开展传统村落集中连片保护示范工作，在全国范围选出北京市密云区等35个传统村落集中的县，开展传统村落集中连片保护利用示范。农业发展银行设立长期低息政策性贷款，支持传统村落保护利用。自然资源部指导各地根据需要有序推进村庄规划编制，开展责任规划师下乡活动，引导专业规划人员深入乡村解决实际难题。

# 二、农村文化体育事业发展取得的主要成效

## （一）农村文体基础设施不断完善

城乡公共文化空间得到创新与拓展，基层公共文化设施布局不断优化。县级图书馆、文化馆总分馆制建设持续推进，截至2023年底，全国分别有2 719个县（市、区）建立文化馆总分馆制、

2 692 个县（市、区）建立图书馆总分馆制，占全国县（市、区）的比例分别达到 96％和 95％，全国基层分馆和服务点数量超过 10 万个。全国智慧图书馆体系和公共文化云项目建设工作扎实推进，延伸覆盖中西部地区 839 个脱贫县，有效推动基层全民艺术普及服务提质增效。截至 2023 年底，全国共设立县级广播电视播出机构 2 099 个，开办电视频道 2 052 个，广播频率 1 764 个，其中 1 064 个电视频道实现高清播出，进一步丰富基层群众精神文化生活。在民族地区 8 省（自治区）实施了 80.99 万个有线高清交互电视机顶盒推广普及项目，在 2 省（自治区）5 个市州实施了"三区三州"市级广电融合提升等工程项目，在 8 省（自治区）59 个县实施了智慧广电固边工程，全国智慧广电乡村工程试点范围拓展到 31 个县（市、区）。基层应急广播体系持续向乡村延伸，2023 年基层应急广播体系建设工程覆盖了老少边及欠发达地区 19 个省（自治区、直辖市）146 个县。全民健身设施建设补短板有效推进，推动将农村公共体育健身设施纳入村庄规划统筹建设，截至 2023 年底，农民体育健身工程已覆盖全国 96％的行政村。依托中央集中彩票公益金等支持建设县级公共体育场、全民健身中心、体育公园、健身步道等场地设施，补助 1 600 个县级行政区域公共体育场馆向社会免费或低收费开放。截至 2023 年底，全国体育场地总数达到 459.27 万个，比 2022 年增加了 36.59 万个，增幅为 8.7％。全国体育场地面积首次突破 40 亿平方米，达到 40.71 亿平方米，其中，乡村体育场地面积达 8.8 亿平方米；全国人均体育场地面积为 2.89 平方米，相比 2022 年增加了 0.27 平方米，增幅超过 10％，已提前完成《"十四五"体育发展规划》中提出的"至 2025 年人均体育场地面积达到 2.6 平方米"的目标。

（二）乡村文化服务体系不断健全

一是农村公共文化服务供给持续加强。创新实施电影惠民工程，巩固扩大电影公共服务覆盖面，全国共有农村数字电影院线262条、放映队 4.2 万个，全年放映农村电影 824 万场，观影农民人次约 4.5 亿。2023 年制作对农广播节目时长 141.7 万小时、电视节目时长 64.79 万小时，播放时间分别达到 431.39 万小时和 390.58 万小时。涌现出《贺兰山下》《于青山绿水间》《三农长短说》《"村 BA"乡村篮球全国挑战赛》《种地吧》《全体村民请注意》《万事大集》《赶集故事会》等一批优秀农村题材文化作品。依托"戏曲进乡村"工作，为中西部脱贫地区 1.3 万个乡镇配送 7.8 万场以地方戏为主的演出。举办"我们的中国梦——文化进万家"活动，引导广大文化文艺工作者向基层提供高效优质的文艺演出、文艺培训等文化服务。通过第二批广播电视基本公共服务县级标准化试点建设，全国 86 个市、县完善了县乡村服务网络，增强了本地化节目供给。

二是群众性文化体育活动蓬勃发展。全国和美乡村篮球大赛风靡全国，全国"村 BA"决赛直播观看量超 5 亿人次，全网曝光量超 400 亿次，凝聚了乡村人气、彰显了乡村活力。2023 年春节到元宵节期间，全国共组织"村晚"活动 20 476 场，参与人次约 1.3 亿，"村晚"活动举办实现常态化，品牌影响力进一步增强。按照"大地欢歌"乡村文化活动年部署，12 项主题活动和 80 项示范性系列活动引领带动全国群众性文化活动蓬勃开展。全国广场舞大会成果展示活动在贵州省贵阳市举办，带动各地组织广场舞活动超 2.4 万场，参演广场舞团队约 2.6 万支、广场舞爱好者 143.5 万人，线上线下参与者超 1.1 亿人次。

## （三）优秀农耕文化有效保护传承

一是农业文化遗产保护利用深入开展。截至 2023 年底，农业农村部已认定 7 批共 188 项中国重要农业文化遗产，遍布 31 个省份；联合国粮农组织认定的 86 项全球重要农业文化遗产中，我国有 22 项，数量居世界首位。这些遗产历史悠久、内涵丰富，在保障供给、就业增收、保护环境、传承文化等方面发挥了多重价值。

二是乡村地区非遗保护传承稳步推进。围绕推进非遗助力乡村振兴，各地共建设非遗工坊 9 100 余家。深入实施中国非遗传承人研修培训计划，调整公布新一批参与培训的 130 所院校名单。建成国家、省、市、县四级非遗代表性项目名录体系，共认定非遗代表性项目 10 万余项，其中国家级非遗代表性项目 1 557 项，大部分位于乡村地区。文化和旅游部认定 3 056 名国家级非遗代表性传承人，各省（自治区、直辖市）公布 22 197 名省级非遗代表性传承人。中央财政按照每人每年 2 万元标准，对国家级非遗代表性传承人开展授徒、传艺、交流等传承活动予以补助，绝大多数省（自治区、直辖市）已安排专门经费支持各级非遗代表性传承人开展传承活动。

三是传统村落保护利用进一步加强。截至 2023 年底，中国传统村落总数已达 8 155 个，保护了 55.6 万栋传统建筑，传承发展了 5 965 项省级及以上非物质文化遗产。在 35 个县开展传统村落集中连片保护利用示范，印发《传统村落保护利用可复制经验清单（第一批）》。建设中国传统村落保护管理信息系统，完成所有中国传统村落基础数据的采集、整理、入库工作，实现了"一村一档"。传统村落数字博物馆新建 358 个数字单馆，"传统村落保护万里行""谁不说俺家乡好"短视频征集等活动的网络参与和阅读量达到 7.6 亿。

## （四）乡村文旅融合不断深化

一是农村居民文化消费总体保持增长。2023 年，我国农村居民人均消费支出 18 175 元，较上年增长 9.2%，其中，农村居民人均教育、文化和娱乐支出 1 951 元，比上年增加 268 元，增长 15.9%。农村居民教育、文化和娱乐支出占总支出的 10.7%，比 2022 年提高 0.6 个百分点（表 1）。

表1 2013—2023年我国农村居民人均消费支出

| 年份 | 农村居民人均消费支出（元） | 比上年增长（%） | 农村居民人均教育、文化和娱乐支出（元） | 比上年增长（%） |
|---|---|---|---|---|
| 2013 | 7 485 | 9.2 | 755 | 11.4 |
| 2014 | 8 383 | 10.0 | 860 | 13.9 |
| 2015 | 9 223 | 8.6 | 969 | 12.8 |
| 2016 | 10 130 | 7.8 | 1 070 | 10.4 |
| 2017 | 10 955 | 6.8 | 1 171 | 9.4 |
| 2018 | 12 124 | 8.4 | 1 302 | 11.1 |
| 2019 | 13 328 | 6.5 | 1 482 | 13.8 |
| 2020 | 13 713 | −0.1 | 1 309 | −11.7 |
| 2021 | 15 916 | 15.3 | 1 646 | 25.7 |
| 2022 | 16 632 | 2.5 | 1 683 | 2.3 |
| 2023 | 18 175 | 9.2 | 1 951 | 15.9 |

数据来源：国家统计局。

注：人均消费支出比上年增长（%）为扣除价格因素的实际增长率。

二是文化产业赋能乡村振兴初见成效。各地围绕贯彻落实《关于推动文化产业赋能乡村振兴的意见》，不断探索"文化产业特派员"等实践做法，建设文化产业赋能乡村振兴。2023年初启动文化产业赋能乡村振兴试点工作，北京市平谷区、门头沟区等63个县被选为首批文化产业赋能乡村振兴试点单位。

三是乡村旅游迅速发展。依托"乡村四时好风光"等精品线路品牌，成功打造"大美春光在路上""乡土中国 诗画生活"等主题线路512条。实施乡村旅游艺术提升、数字提升、"游购乡村"等质量效益提升系列行动，制作播出了《山水间的家》等专题节目，8个重点村入选为联合国旅游组织"最佳旅游乡村"。"美好乡村等你来"数字提升行动覆盖了全国各省份1 138个县域超2万个乡村文旅经营主体，累计交易额超 45 亿元，直接带动乡村游客数量近 2 000 万人次。截至 2023 年底，遴选出 4 批 1 399 个全国乡村旅游重点村和 198 个全国乡村旅游重点镇（乡），省级乡村旅游重点村镇数量已超过 6 000 个。乡村旅游重点村镇的品牌认可度、影响力不断提升，产品供给持续丰富。

# 三、促进农村文化体育事业发展的对策建议

## （一）加强农村文体事业的资金投入

当前，一些地区农村文体基础设施相对陈旧、管护不到位，难以满足农村居民日益增长的文化体育健身需求。要加大投入力度，指导有条件的乡村根据当地农民群众实际需求加快建设功能齐全的文化活动中心等文化场所，改善提升公共文化体育设施质量，加强乡村公共健身设施、广播电视基础设施和器材维护更新升级，为农民群众提供良好的文体活动空间。继续发挥好中央支持地方公共文化服务体系建设补助资金、国家非物质文化遗产保护资金、文化人才专项经费等专项资金引导作用，向欠发达地区、重点群体倾斜，提高资金使用效益，保障农村文化基础设施、体育活动场所等公共文化空间有内容、有人来、有经费、有人管。

## （二）优化农村公共文化服务供给

一是深入挖掘乡土文化资源。从农村地区各族人民创造的多姿多彩、充满乡土气息的民族民间文化中寻找源头活水，开展全国性的乡村文化艺术资源摸底调查，对现有乡村文化资源分门类进行识别评估、登记入库。以此为基础，促进农耕文化的创造性保护和创新性发展，开发更多群众喜闻乐见的文化产品和教育资源。二是建强基层文化阵地。依托基层综合文化服务中心、县级文化馆、图书馆、农家书屋、文化活动广场、老年活动室等现有场所，创新拓展

乡村公共文化空间功能，广泛开展图书阅读交流、传统书法绘画、优秀电影放映、民间艺术表演、戏曲曲艺体验、非遗手工制作、民族服饰设计等农民群众易参与、感兴趣的公共文化活动。三是广泛开展群众性文体活动。围绕春节、元宵节、端午节、中秋节等传统节假日，依托当地传统，开展乡村庙会、灯会、花会、龙舟会等特色民俗活动，常态化开展"四季村晚"活动，因地制宜举办舞龙舞狮、健身秧歌（鼓）、太极拳、赛龙舟、广场舞、"村BA"、村跑、村超等农民群众喜闻乐见、易于参与、富有地域特色和民俗风情的文化体育赛事活动。充分发挥农民主体作用，支持开展群众自发性的文化体育活动，广泛搭建群众自我交流展示的平台，引导带动农民群众在文化体育生活中当主角、唱大戏。

### （三）加强优秀乡村文化的保护利用

一是实施乡村记忆工程。对传统优秀乡村文化进行全口径、全门类、全领域整理识别和登记建档，形成数据库，分批发布乡村文化艺术保护名录。对传统技艺、手工绝活、特色美食等进行数字化影像记录、复原和保存，采用大数据、人工智能等技术开发沉浸式文化体验产品。二是推进乡村文旅深度融合。推进乡村旅游集聚区建设，引导在乡村旅游发展中保护传承优秀乡村文化。在坚持保护优先的前提下，引导文化企业、艺术家、设计师等社会力量，对民族村寨、农业遗迹等文化资源进行适度开发。依托民间艺术、戏曲曲艺、手工技艺、民族服饰、民俗活动等非物质文化遗产开发更多文创产品、旅游资源。三是加强数字技术应用。推进基层文化设施与公共文化云、当地智慧城市、线上政务等平台的对接，在线上为群众提供一站式公共文化服务。依托公共文化云基层智能服务端，强化对乡镇综合文化站的资源提供、业务指导，完善线上平台群众文化需求征集和绩效评价反馈功能。加强与互联网企业等数字服务平台的合作，探索乡村数字文化传播新场景新模式。依托广播电视和新媒体渠道提供更多优质内容和便捷服务，满足农民群众多样化、多层次、多方面的精神文化需求。

### （四）加快建设乡村文化人才队伍

一是加大乡村本土人才的培养力度。以产业达到一定规模、联农带农能力强的农文旅产业发展带头人、乡村手工艺大师、匠人和非遗传承人，以及从事传统戏剧、曲艺、音乐、舞蹈、美术、工艺技艺等方面的青年人才等为重点，通过跟班学习、专业辅导、能力提升等，打造一支留得住、能管用的乡村本土文化人才队伍。二是鼓励城市人才下乡服务。引导城市文化体育专业人才下乡就业创业，探索开展奥运冠军进乡村活动，加快培育农村社会体育指导员，有序引导城市文化、体育专业人才，以及文化体育复合型技术人才更好地服务乡村文体事业发展。

# 附录

2023 年 1 月，中共中央、国务院印发《关于做好 2023 年全面推进乡村振兴重点工作的意见》。

2023 年 1 月，文化和旅游部办公厅、教育部办公厅、自然资源部办公厅等 5 部门印发《关于开展文化产业赋能乡村振兴试点的通知》（办产业发〔2023〕8 号）。

2023 年 1 月，文化和旅游部办公厅、人力资源社会保障部办公厅、原国家乡村振兴局综合司印发《关于公布 2022 年"非遗工坊典型案例"的通知》（文旅非遗发〔2023〕12 号）。

2023 年 2 月，文化和旅游部办公厅、农业农村部办公厅、原国家乡村振兴局综合司印发《"大地欢歌"全国乡村文化活动年工作方案》（办公共发〔2023〕22 号）。

2023 年 3 月，财政部办公厅、住房城乡建设部办公厅印发《关于组织申报 2023 年传统村落集中连片保护利用示范的通知》（财办建〔2023〕8 号）。

2023 年 3 月，住房城乡建设部、文化和旅游部、国家文物局等 6 部门印发《关于公布第六批列入中国传统村落名录村落名单的通知》（建村〔2023〕16 号）。

2023 年 4 月，财政部印发《关于下达 2023 年公共图书馆、美术馆、文化馆（站）免费开放补助资金预算的通知》（财教〔2023〕52 号）。

2023 年 4 月，财政部印发《关于下达 2023 年文化人才专项经费预算的通知》（财教〔2023〕53 号）。

2023 年 4 月，财政部印发《关于下达 2023 年中央支持地方公共文化服务体系建设补助资金预算的通知》（财教〔2023〕54 号）。

2023 年 4 月，财政部印发《关于下达 2023 年国家非物质文化遗产保护资金预算的通知》（财教〔2023〕56 号）。

2023 年 4 月，财政部印发《关于下达 2023 年公共体育场馆向社会免费或低收费开放补助资金预算的通知》（财教〔2023〕59 号）。

2023 年 4 月，住房城乡建设部办公厅、财政部办公厅印发《关于做好传统村落集中连片保护利用示范工作的通知》（建办村〔2023〕13 号）。

2023 年 5 月，文化和旅游部办公厅、农业农村部办公厅印发《乡村文化和旅游带头人支持项目实施方案（2023—2025 年)》（办人发〔2023〕102 号）。

2023 年 5 月，体育总局、中央文明办、国家发展改革委等 12 部门印发《关于推进体育助力乡村振兴工作的指导意见》（体规字〔2023〕7 号）。

2023 年 5 月，体育总局办公厅、国家发展改革委办公厅、财政部办公厅等 5 部门印发《全民健身场地设施提升行动工作方案（2023—2025 年)》（体群字〔2023〕69 号）。

2023 年 6 月，农业农村部办公厅、体育总局办公厅印发《关于举办全国和美乡村篮球大赛（村 BA）的通知》（农办社〔2023〕7 号）。

2023 年 6 月，财政部印发《关于下达 2023 年中央集中彩票公益金支持体育事业专项资金预算的通知》（财教〔2023〕88 号）。

2023 年 7 月，体育总局、农业农村部、全国妇联印发《关于开展"万村女性社会体育指导员培训计划"的通知》（体群字〔2023〕88 号）。

2023 年 7 月，国家发展改革委、教育部、民政部等 10 部门印发《国家基本公共服务标准（2023 年版)》（发改社会〔2023〕1072 号）。

2023 年 7 月，农业农村部、教育部、工业和信息化部等 7 部门印发《乡村工匠"双百双千"培育工程实施方案》（农产发

〔2023〕7 号）。

2023 年 8 月，体育总局办公厅印发《关于开展"奋进新征程　运动促健康"全民健身志愿服务系列活动的通知》（体群字〔2023〕90 号）。

2023 年 8 月，文化和旅游部办公厅印发《关于持之以恒推动乡镇综合文化站创新发展的实施方案》（办公共发〔2023〕156 号）。

2023 年 9 月，体育总局办公厅印发《关于开展 2023 年全民健身志愿服务优秀案例征集活动的通知》（体群字〔2023〕116 号）。

2023 年 11 月，文化和旅游部办公厅、国家发展改革委办公厅印发《关于做好第五批全国乡村旅游重点村镇遴选推荐和全国乡村旅游重点村考核评估工作的通知》（办资源发〔2023〕187 号）。

# 专题五　农村基础设施建设和人居环境整治提升专题报告

2023 年，各地各部门深入实施乡村建设行动，持续加强农村基础设施和人居环境建设，着力改善乡村生产生活条件和村容村貌，不断提高农村基础设施建设完备度和农村人居环境舒适度。

## 一、扎实推进农村基础设施建设和人居环境整治提升的新举措

各地各部门聚焦农村基础设施建设和人居环境整治重点任务，压实部门职责，加强统筹协调，推动以县为单位统筹编制乡村建设项目库和乡村建设任务清单，强化项目引领作用，持续改善乡村生产生活条件。

### （一）持续推进农村基础设施建设

一是着力加强农村供水保障。10 月，水利部出台《关于加快推动农村供水高质量发展的指导意见》，提出以县域为单元，全面推行"3＋1"标准化建设和管护模式，优先推进城乡供水一体化、集中供水规模化建设，因地制宜实施小型供水工程规范化建设与改造，加强县域统一管理、统一监测、统一运维、统一服务，最大程度实现城乡供水同源、同网、同质、同监管、同服务。水利部会同生态环境部、国家疾控局、农业农村部组织各地扎实开展农村供水水质提升专项行动，指导督促乡镇级饮用水水源保护区划定、标识牌设立和环境问题排查整治，指导督促集中供水工程按要求配齐净

化消毒设施设备和专业技术人员，加强对小型集中和分散农村供水工程的水质巡检，联合开展水质抽检并加强监管。

二是强化农村地区电力保障，实施乡村清洁能源建设工程。国家发改委、国家能源局下达中央预算内投资计划 50 亿元，涉及项目总投资 148.85 亿元，推动电网供电能力有效提升。大力发展太阳能、风能、水能、地热能、生物质能等清洁能源，探索建设多能互补的分布式低碳综合能源网络。按照先立后破、农民可承受、发展可持续的要求，稳妥有序推进北方农村地区清洁取暖，推动北方清洁取暖重点地区落实 2023—2024 年供暖季天然气资源量。加大散煤治理力度，推广秸秆打捆直燃集中供暖和生物质成型燃料集中供暖，投入研发生产生物质取暖炉具、太阳能清洁取暖设备以及其他清洁取暖设备，推动实现更大范围冬季清洁取暖。

三是深入实施农村道路畅通工程。交通运输部聚焦形成"规模结构合理、设施品质优良、治理规范有效、运输服务优质"的农村公路交通运输体系发展目标，加快建设普惠公平的农村公路基础网，构建便捷高效的农村公路骨干网。深入实施新一轮农村公路建设和改造，组织各地深入实施"四好农村路"助力乡村振兴工程，深化农村公路管养体制改革，完善"路长制"运行长效机制，稳步推进农村公路路况自动化检测，加强农村公路及其桥梁隧道隐患排查和整治，深入实施公路安全设施和交通秩序管理精细化提升行动，进一步提升农村公路安全保障能力。

四是加快乡村网络基础设施建设。工业和信息化部组织实施 2023 年度电信普遍服务项目，支持农村及偏远地区建设 8 647 个 4G、5G 基站，不断提升农村及偏远地区网络覆盖水平。工业和信息化部联合国家卫生健康委开展"宽带网络＋健康乡村"应用试点，遴选并公布 117 个试点项目，充分发挥乡村地区宽带网络效能，创新应用人工智能、大数据等新一代信息技术，改造提升乡村地区卫生健康宽带网络基础设施。推动互联网平台企业在农村地区开展助农项目，提供免费数字化工具用于农业经营，大力提升农村信息服务水平，开辟农民增收新渠道。开展大数据产业、信息消费试点，推动大数据等数字技术在农业农村各领域的融合应用。广电总局编制出台《智慧广电技术体系及实施指南》，指导构建以"算力＋算法＋数据"为重要支撑的智慧广电技术体系，提升有线电视网络承载能力和服务水平，有力支撑乡村网络基础设施建设。工业和信息化部、交通运输部等部门联合印发《关于加快"宽带边疆"建设的通知》，加快提升边疆网络供给能力，改善各族群众生产生活条件，助力兴边富民、稳边固边。

五是实施农房质量安全提升工程。住房城乡建设部会同财政部下达中央财政资金61.6亿元，支持32.5万户重点对象实施农村危房改造和农房抗震改造。提前下达2024年危改资金，倾斜支持京津冀和东北三省等暴雨洪涝灾区灾后农房恢复重建工作。自然资源部深入开展农村房屋安全隐患排查整治，各级自然资源主管部门共计派出专家及技术人员159.4万人次，排查巡查包括乡村在内的地质灾害隐患点234.7万处（次），紧急处置各类地质灾害险情或隐患近万处。

六是提升农村运输服务水平。深入推进城乡交通运输一体化发展，组织第三批118个县（区、市）开展城乡交通运输一体化示范创建工作，不断提升城乡交通运输公共服务均等化水平。交通运输部会同国家邮政局公布第四批50个农村物流服务品牌名单，引导各地着力打造一批网络覆盖健全、资源整合高效、运营服务规范、产业支撑明显的农村物流服务品牌。交通运输部联合工业和信息化部等9部门联合印发《关于加快推进农村客货邮融合发展的指导意见》，发布《乡村客车结构和性能通用要求》行业标准，召开推进农村客货邮融合发展电视电话会议，着力提升农村客货邮融合发展水平。国家邮政局会同财政部等6部门推出《农村寄递物流体系建设三年行动方案（2023—2025）》，会同农业农村部印发《关于加快推进脱贫地区快递进村的指导意见》，持续巩固提升农村地区邮政服务水平，大力推进邮政普遍服务均等化，全国 3 000 余个边境自然村全部实现通邮。

## （二）全面推动农村人居环境整治提升

一是有序实施农村改厕"提质年"工作。农业农村部围绕问题厕所整改质量抽查、新建厕所质量抽查、厕具产品质量抽检等 8 方面，指导地方全面摸排、找出症结，采取有针对性的措施。同时，常态化派出专家服务团赴 20 个中西部省份 88 个县开展改厕技术服务，在 10 个省份组织新技术新产品试点示范，向辽宁、青海等干旱寒冷地区推荐经济实用技术模式。推动政策知识普及，推行农村改厕"明白卡"进门入户、施工前后农户"双确认"，开展改厕故事大家讲、"卫生厕所改变了我的生活"等主题宣传。

二是务实推进农村生活污水系统治理。生态环境部会同农业农村部制定出台《关于进一步推进农村生活污水治理的指导意见》，提出以污水减量化、分类就地处理、循环利用为导向，因地制宜选择资源化利用等治理模式或模式组合，提高农村生活污水治理水平。生态环境部会同水利部、农业农村部编制农村黑臭水体治理工作指南，规范识别排查、系统治理、长效管护等环节，在 12 个地区组织开展第二批农村黑臭水体治理试点。农业农村部会同生态环境部等部门，推动有条件的村庄改厕与生活污水处理同步建设管护。

三是建立健全农村生活垃圾治理体系。为进一步提升农村生活垃圾治理水平，住房城乡建设部组织第三方开展实地核查，对核查发现的问题反馈至省级有关部门并督促整改，督促工作滞后省份健全农村生活垃圾收运处置体系。国家发展改革委会同农业农村部在 24 个省份建设农村有机废弃物综合处理设施。全国供销合作总社建设 4 万余个县乡村再生资源回收网点，开展农村生产生活废弃物资源化利用。生态环境部指导 113 个地级及以上城市和 8 个特殊地区开展"无废城市"建设，将健全农村生活垃圾收运处置体系、推行农村生活垃圾分类减量与利用作为重点任务，推动各地将"农村地区生活垃圾分类覆盖率"纳入"无废城市"建设指标体系，补齐农村生活垃圾收运处置体系和基础设施短板。

四是稳步改善村庄公共环境和乡村风貌。农业农村部聚焦家美、院美、村美、风尚美、心里美"五美"共建，分季节分阶段动员农民清洁村庄环境，通报表扬 94 个 2022 年度全国村庄清洁行动先进县。国家发展改革委会同国家卫生健康委等部门开展城乡环境卫生补短板强弱项工作，推进城乡环境卫生大清理、大扫除、大整治。国家卫生健康委深入组织开展农村爱国卫生运动。国家林草局印发乡村绿化技术规程，编制完成乡村绿化美化模式范例，修订国家森林乡村评价指标。住房城乡建设部组织"设计下乡"服务。自然资源部指导各地根据需要有序推进村庄规划编制，开展责任规划师下乡活动，引导专业规划人员深入乡村解决实际难题。工业和信息化部督促基础电信企业加强农村通信线杆维护管理，国家电网、南方电网常态化开展农村电力线、通信线、广播电视线"三线"违规搭挂整治。生态环境部针对投诉率高、群众反映强烈的典型噪声案件开展督办，推动解决了一批因工业生产、建筑施工、交通运输等对乡村地区人民群众造成困扰的噪声问题。

五是加快形成多元化管护机制。国家发展改革委会同有关部门在具备条件的地区率先推进城乡人居环境一体管护，指导上海等地出台农村人居环境整治长效管护指导意见，探索推广城乡、村域一体管护模式。农业农村部指导地方加强农村人居环境管护标准规范、信息管理等建设，引入专业化企业管护。水利部因地制宜设立 90 多万村级河湖长，加强河湖日常巡查管护。

## 二、农村基础设施建设和人居环境整治提升取得的成效

### （一）农村基础设施建设水平稳步提升

农村水、电、路、网、房、邮等基础设施条件不断改善，农村居民的获得感、幸福感、安全感进一步增强。

一是农村供水饮水更有保障。全国共建成农村供水工程2万处，新增省级标准化管理千吨万人农村供水工程4 657处，提升了1.1亿农村人口供水保障水平，农村自来水普及率达到90%，规模化供水工程覆盖农村人口比例达到60%。同时，通过开展农村供水水质提升行动，全国农村供水工程净化消毒设备配置率超过75%，整改水质问题1 211个。累计解决193万农村人口饮水临时性反复问题。维修养护农村供水工程10.5万处，服务农村人口2.3亿人。

二是农村能源保障能力稳步提升。农村地区户用分布式光伏累计安装超过550万户，实施"千乡万村驭风行动"，在农村地区因地制宜推动风电就地就近利用。启动建设15个农村能源革命试点县。已有超过10个省份实现"充电站县县全覆盖、充电桩乡乡全覆盖"。新推广秸秆打捆直燃集中供暖33处，生物质成型燃料集中供暖62处，生物质取暖炉具24 159台，太阳能清洁取暖设备1 437套，其他清洁取暖设备41 379套，实现88 450户冬季清洁取暖。

三是农村道路更加畅通。新改建农村公路里程18.8万公里，新增通三级及以上等级公路乡镇512个，新增通硬化路较大人口规模自然村约3.15万个。截至2023年底，全国农村公路总里程已达459.9万公里，等级公路比例96.9%，优良中等路率91.1%（表1）。公路安全水平进一步提升，全国完成农村公路安全生命防

护工程 12.36 万公里，改造农村公路危桥 8 418 座，在 1.48 万个农村公路平交路口加装 3.36 万个减速带。全年完成农村公路路况自动化检测里程 296 万公里，公路管理养护水平逐步加强。

表 1  2021—2023 年农村公路建设情况

| 年份 | 农村公路总里程数（万公里） | 等级公路比例（%） | 乡镇通三级及以上公路比例（%） | 优良中等路率（%） |
|------|------|------|------|------|
| 2021 | 446.6 | 95.6 | 82.7 | 87.4 |
| 2022 | 453.1 | 96.2 | 84.5 | 89 |
| 2023 | 459.9 | 96.9 | 89.6 | 91.1 |

数据来源：交通运输部，其中乡镇通二级及以上公路比例不含西藏自治区。

四是乡村网络基础设施更加完善。全国行政村通宽带比例达到 100%，通光纤、通 4G 的行政村比例均超过 99%，基本实现农村与城市"同网同速"。截至 2023 年底，农村宽带接入用户超过 1.9 亿户，农村网民规模达 3.26 亿，农村互联网普及率达到 66.5%（表 2），乡镇以上区域和有条件的行政村基本覆盖 5G 网络。农村数字惠民服务水平不断提升，我国农村在线教育用户规模已超过 6 787 万人，普及率超过 22.5%；农村在线医疗用户规模超过 6 875 万人，普及率超过 22.8%。

表 2  2012—2023 年农村网民规模与农村互联网普及率

| 年份 | 农村网民数量（亿人） | 农村互联网普及率（%） |
|------|------|------|
| 2012 | 1.56 | 23.7 |
| 2013 | 1.77 | 27.5 |
| 2014 | 1.78 | 28.8 |
| 2015 | 1.95 | 31.6 |
| 2016 | 2.01 | 33.1 |
| 2017 | 2.09 | 35.4 |

（续）

| 年份 | 农村网民数量（亿人） | 农村互联网普及率（%） |
|---|---|---|
| 2018 | 2.22 | 38.4 |
| 2019 | 2.25 | 46.2 |
| 2020 | 2.55 | 55.9 |
| 2021 | 2.84 | 57.6 |
| 2022 | 2.93 | 58.8 |
| 2023 | 3.26 | 66.5 |

数据来源：《中国互联网络发展状况统计报告》。

五是农房质量安全水平明显提高。针对 32.5 万户重点对象实施农村危房改造和农房抗震改造，让农民居住更加安全，20 余万户京津冀和东北三省洪涝灾区农房已恢复重建。全面完成全国 50 万个行政村、2.24 亿户农房排查摸底和分类整治。

六是农村防汛抗旱能力持续加强。支持 999 条中小河流治理，完成治理河长 1.13 万公里。完成 3 663 座病险水库除险加固，实施 176 条重点山洪沟防洪治理。实施 120 处大型灌区续建配套与现代化改造，推进 598 处大中型灌区建设与现代化改造，支持旱区实施 400 个抗旱应急水源工程，约 4.5 万座小型水库实现雨水情监测信息汇集。

七是农村运输服务更为方便快捷。全国具备条件的乡镇和建制村通客车成果得到进一步巩固。农村寄递物流三级节点网络日益完善，网络节点覆盖率持续提高，服务品质、信息化水平也不断提升，助推农村线上消费潜力进一步释放。截至 2023 年底，全国 1 100 个县级行政区开展农村客货邮业务，开通客货邮融合线路 1.1 万余条，客车年承运邮件快件超 2 亿件，进一步畅通快递进村"最后一公里"和农产品进城"最先一公里"，全面提升农村客货邮融合发展水平和农村寄递物流保障水平。2023 年打造邮政快递业服务现代农业金牌项目 143 个、银牌项目 20 个、铜牌项目 60 个。

中国邮政集团有限公司累计建成县级邮件处理中心 1 061 个、乡镇邮件处理中心 6 010 个、村邮站 19 万个，农村投递汽车化率达到 56%。

## （二）农村人居环境持续改善

一是农村卫生厕所普及率稳步提高。农村厕所、厕具质量有了明显提升，适用改厕技术产品逐步推广，农民健康意识不断提升，如厕条件持续改善。截至 2023 年底，全国农村卫生厕所普及率达到 75% 左右。

二是农村生活污水治理率不断提升。各地在治理模式和管护机制等方面不断探索创新，全年采取资源化利用模式完成污水治理的行政村约 1.5 万个，与建设集中式污水处理设施相比节约建设投资 200 余亿元，每年节省运维费用 1 亿余元，污染治理成效明显。截至 2023 年底，全国农村生活污水治理（管控）率达到 40% 以上，治理较大面积农村黑臭水体 900 余个。

三是农村生活垃圾处理稳步推进。生活垃圾分类、源头减量等政策目标在有条件的村庄已基本实现，收运处置体系逐步健全，小型分散化处理设施加快建设，资源化利用方式深入探索。截至 2023 年底，全国农村生活垃圾得到收运处理的行政村比例稳定保持在 90% 以上。

四是村庄日益绿化美化。乡村绿量稳步增加，重要生态系统保护和修复工程深入实施，山水林田湖草沙系统治理有序推进，林草植被逐步恢复。绿色惠民产业不断发展，绿色产业发展潜力得到进一步挖掘。截至 2023 年底，全国村庄绿化覆盖率达 32%。

五是多元化管护机制逐步形成。城乡、村域一体管护模式不断探索应用，专业化市场化管护机制逐步建立，管理规范化、科学化水平稳步提升。村级组织广泛参与人居环境管护，管护合力逐步形成。

## 三、农村基础设施建设和人居环境整治提升面临的主要问题和对策建议

### （一）不断补齐农村基础设施短板弱项

当前，我国农村基础设施有了明显改善，农村居民获得感持续增强，但依然存在着一些短板弱项和需要提档升级的重要方面。如一些偏远山区较难纳入城乡一体化供水体系，供水水质也需持续提升，乡村产业发展对农村交通运输提出了更高要求，农村电商、移动社交、数字娱乐在农村快速普及，数字乡村建设还不能完全满足农民群众信息服务需求的快速增长。

要加快补齐农村基础设施短板弱项，集中力量抓好办成一批农民可感可及的实事。一是完善农村供水工程体系。有条件的地区要加快推进城乡供水一体化、集中供水规模化，暂不具备条件的地区可加强小型供水工程规范化建设改造，加强专业化管护，深入实施农村供水水质提升专项行动。二是推进农村电网巩固提升工程。要重点提高边远地区供电保障能力，推动农村分布式新能源发展，加强重点村镇的新能源汽车充换电设施建设。三是扎实推进"四好农村路"建设。重点聚焦农民所盼和乡村产业发展的实际需求，持续推进农村公路提档升级，推动农村公路建设项目更多向进村入户倾斜。四是持续实施数字乡村发展行动。实施智慧广电乡村工程，提升乡村信息化基础设施，更好满足农民的精神文化需求。推动"互联网＋"公共服务向农村地区延伸覆盖，推进更多涉农事项线上办理，让农民享受到更加便捷的数字服务。鼓励有条件的地区统筹建设区域性大数据平台，加强农业生产经营、农村社会管理等涉农信息协同共享。五是不断健全完善农村运输服务体系。持续巩固拓展具备条件的乡镇和建制村通客车成果，推进城乡交通运输一体化发展。持续完善物流网络，加快先进技术应用，推进农村客货邮融合

发展，进一步推动快递共同配送进村步伐，有力促进消费升级、畅通经济循环，为推进乡村振兴贡献力量。

## （二）持续深入推进农村人居环境整治提升

近年来，我国农村人居环境整治成效明显，村容村貌焕然一新。但也要看到，寒旱地区农村改厕难度大成本高，农村生活污水治理（管控）率相对偏低，适合农村地区的垃圾分类处理模式还不健全等问题依然存在，制约了农村人居环境的进一步改善。

要针对影响农村居民生活条件和居住环境的关键环节，持续发力、久久为功，进一步提高农村人居环境质量。一是推动建立农村污水治理与改厕联动机制。扎实推进农村改厕，选好适用技术模式，统筹推进农村厕所革命、农村生活污水治理重点项目实施，支持有条件的村庄改厕与生活污水同步建设管护，将已开展水冲式厕所改造但厕所粪污去向难以解决的村庄纳入重点范围，优先开展污水治理。二是分类梯次推进农村生活污水治理。因地制宜选择集中、分散或者部分集中等治理模式，积极推广应用人工湿地、土壤渗滤、植物吸附等生态处理技术，优先对人口集中、环境敏感的村庄进行治理，确保有力有效推进。三是健全农村生活垃圾分类收运处置体系。对于有回收价值的生活垃圾，要完善农村再生资源回收利用网络。对于厨余等有机垃圾，要积极推广成熟适宜的处理技术，探索与粪污、尾菜、树枝等有机废弃物协同处理的资源化利用模式。

## （三）强化长效管护机制建设

有效的管护机制可确保各类已建成的农村基础设施持续稳定运行，让农民群众长期受益。实践中，个别地方管护主体和管护责任不明确，管护资金配套难，专业管护队伍缺乏，影响了建设成效。一是加快建设长效管护队伍。建立健全县、乡、村三级管护责任体系，明确管护标准，强化镇村管理主体责任，依靠村民建立村级运营管护队，打造一支成熟、稳定的长效管护队伍。二是探索多元资金保障机制。在经济条件较好的地区，探索农户合理付费、村级组织统筹、政府适当补贴、社会资本积极参与的运行管护经费保障机制，确保各类基础设施建成后能够长期稳定高效运行。三是健全设施更新机制。统筹推进农村基础设施改造提升和应用升级，适应农村经济和社会发展需求，重点推进农村路网、电网、供水、通信、邮政等重点民生工程升级改造提升。四是建立健全监督管理机制。探索建立实时监督、定期监督、不定期监督相结合的监督机制，引导有条件的地区建立数字化监督平台，利用互联网、大数据、人工智能等手段，进行智能化监管，形成人人有责、人人参与的良好氛围。

# 附录

2023年1月，原国家乡村振兴局、中央组织部、国家发展改革委、民政部、自然资源部、住房城乡建设部、农业农村部印发《农民参与乡村建设指南（试行）》（国乡振发〔2023〕2号）。

2023年3月，国家能源局、生态环境部、农业农村部、原国家乡村振兴局印发《关于组织开展农村能源革命试点县建设的通知》（国能发新能〔2023〕23号）。

2023年4月，中央网信办、农业农村部、国家发展改革委、工业和信息化部、原国家乡村振兴局印发《2023年数字乡村发展工作要点》。

2023年4月，水利部办公厅印发《关于做好绿色小水电示范电站创建工作的通知》（办水电〔2023〕107号）。

2023年4月，交通运输部办公厅印发《推动"四好农村路"高质量发展2023年工作要点》（交公路发〔2023〕69号）。

2023年6月，国家发展改革委办公厅、生态环境部办公厅、住房城乡建设部办公厅、农业农村部办公厅、国家卫生健康委办公厅、国家疾控局综合司印发《关于补齐公共卫生环境设施短板　开展城乡环境卫生清理整治的通知》（发改办社会〔2023〕523号）。

2023年7月，国家林业和草原局办公室印发《乡村绿化技术规程（试行）》。

2023年9月，国家发展改革委、国家能源局、原国家乡村振兴局印发《关于实施农村电网巩固提升工程的指导意见》（发改能源规〔2023〕920号）。

2023年10月，水利部印发《关于加快推动农村供水高质量发展的指导意见》（水农〔2023〕283号）。

2023年10月，交通运输部办公厅、国家邮政局办公室印发

《关于公布第四批农村物流服务品牌的通知》（交办运函〔2023〕1519号）。

2023年12月，生态环境部办公厅、农业农村部办公厅印发《关于进一步推进农村生活污水治理的指导意见》（环办土壤〔2023〕24号）。

2023年12月，交通运输部、工业和信息化部、公安部、财政部、农业农村部、商务部、国家邮政局、中华全国供销合作总社、中国邮政集团印发《关于加快推进农村客货邮融合发展的指导意见》（交运发〔2023〕179号）。

2023年12月，国家能源局综合司、生态环境部办公厅、农业农村部办公厅印发《关于公布农村能源革命试点县名单（第一批）的通知》（国能综通新能〔2023〕142号）。

2023年12月，生态环境部办公厅、水利部办公厅、农业农村部办公厅印发《农村黑臭水体治理工作指南》（环办土壤〔2023〕23号）。

# 专题六　乡村治理专题报告

乡村治理是国家治理的基石。习近平总书记强调，要完善党组织领导的自治、法治、德治相结合的乡村治理体系，让农村既充满活力又稳定有序。2023 年，各地各部门认真落实党中央、国务院决策部署，加强党建引领乡村治理，不断强化农村基层党组织建设，创新乡村治理方式，提升乡村治理效能，夯实乡村振兴的治理根基。

## 一、加强和改进乡村治理的重要举措

### （一）强化农村基层党建

一是派强用好驻村第一书记和工作队。2021 年 5 月，中共中央办公厅印发《关于向重点乡村持续选派驻村第一书记和工作队的意见》，要求对脱贫村、易地扶贫搬迁安置村（社区），继续选派第一书记和工作队，将乡村振兴重点帮扶县的脱贫村作为重点，加大选派力度。2023 年 5 月，全国驻村帮扶工作推进会在河南省兰考县召开，强化驻村第一书记和工作队选派管理、保障激励、典型宣传等。农业农村部指导编写《驻村干部"三农"工作政策一本通》，提升驻村干部政策理论水平。二是加强村干部队伍建设。中央组织部推动各地结合排查整顿软弱涣散村党组织，开展村班子届中分析，深入了解换届以来运行情况，对不合格不胜任的村干部进行调整。同时，做好从 35 岁及以下优秀农村青年中发展党员工作，注重在 36～50 岁优秀农民中发展党员，稳定发展农牧渔民党员数量。三是扎实推动发展壮大新型农村集体经济。中央组织部会同财政部、农业农村部印发《关于强化农村基层党组织政治功能和组织功能扶持发展新型农村集体经济的通知》，提出再用 5 年时间新选择 10 万个左右的村扶持发展壮大新型农村集体经济。中央组织部、财政部印发《关于进一步开展推动红色村组织振兴建设红色美丽村庄试点工作的通知》，在 500 个红色村开展新一轮红色美丽村庄建设试点，示范带动发展壮大村级集体经济，进一步夯实党组织凝聚服务群众的物质基础。

## （二）健全村民自治机制

一是推动相关法律修订。全国人大社会委、中央社会工作部推动《中华人民共和国村民委员会组织法》修订列入十四届全国人大常委会立法规划，进一步健全基层党组织领导的基层群众自治机制，发展农村基层民主。二是健全村级议事协商制度。各地依托村民理事会、村民议事会、村民决策听证会等，组织群众解决好身边问题，72.9％的县（市、区）研究制定了统一的村级议事协商目录，将涉及村民切身利益的事项列入目录，对开展协商进行制度规范。三是加强村级民主管理和监督。各地开展村规民约制修订相关工作，充分发挥村规民约引导农民群众加强自我约束、自我管理的作用，进一步弘扬公序良俗、倡导健康文明绿色生活方式。推动以县（市、区）为单位持续深化村务公开工作，积极推动由村党组织纪委书记或纪检委员担任村务监督委员会主任，完善村务监督具体制度，普遍开展村民委员会成员民主评议和经济责任审计。

## （三）推进平安法治乡村建设

一是完善矛盾纠纷多元预防调处化解机制。11 月，中央政法委、浙江省委联合召开纪念毛泽东同志批示学习推广"枫桥经验"60 周年暨习近平总书记指示坚持发展"枫桥经验"20 周年大会，会议强调要牢牢把握新时代"枫桥经验"的科学内涵和实践要求，坚持和贯彻党的群众路线，依靠基层组织和广大群众，立足于预防、调解、法治、基层，做到预防在前、调解优先、运用法治、就地解决，实现"小事不出村、大事不出镇、矛盾不上交"。二是不断夯实农村公安派出所工作。积极发动广大公安派出所实施主动警务、预防警务，发展壮大群防群治力量，推进"一村（格）一警"全覆盖，深化"百万警进千万家"和"五防"（防盗、防骗、防毒、防矛盾纠纷、防治安灾害事故）宣传进社区活动，预防化解各类矛盾风险隐患，构建和谐家庭邻里关系。根据班子职数情况和工作需要，在一些治安情况复杂、矛盾纠纷多、维稳任务重的地方，公安派出所所长可以进街道（乡镇）班子、社区民警可以进社区（村）班子。建立落实社区民警每周与社区（村）书记、治保会主任联系见面制度，加强公安机关与有关部门、单位和基层组织的协作配合，推进问题联治、工作联动、平安联创。三是推进农村扫黑除恶常态化。公安部制定下发2023年度常态化开展扫黑除恶斗争工作方案，部署各地公安机关把农村地区扫黑除恶常态化作为重点工作，持续加强对"村霸""乡痞"等农村黑恶势力、家族宗族势力涉黑涉恶的打击，坚决巩固党的执政根基。四是健全完善乡村法律服务体系。司法部办公厅、农业农村部办公厅联合印发《关于常态化开展"乡村振兴　法治同行"活动的通知》，从深入推进覆盖城乡的公共法律服务网络建设、大力推进乡村矛盾纠纷预防化解、持续推进乡村法律服务多元化发展、全面提升乡村法律援助质效和扎实推进法治乡村建设等方面作出安排。

## （四）持续推动农村移风易俗

一是持续深化婚俗改革。民政部积极发挥32个全国婚俗改革实验区先行先试、示范带动作用，指导各地加快推进省、市、县级婚俗改革实验区建设。截至2023年11月，全国已确定地方实验单位 1 774 家，形成了国家、省、市、县四级同步抓试点、抓落实的责任体系。扎实开展高额彩礼、铺张浪费、低俗婚闹、随礼攀比等突出问题专项治理工作。二是推动殡葬风俗改革。民政部指导地方加快"十四五"规划 102 项重大工程殡葬领域任务推进，加大公益性殡葬服务设施特别是农村公益性服务设施建设力度，加强惠民殡葬服务。指导支持红白理事会、老年人协会等城乡基层群众组织，把殡葬移风易俗纳入村规民约、居民公约，强化群众自我约束。三是开展移风易俗专项治理。贯彻落实中央 1 号文件关于农村移风易俗工作部署，农业农村部会同各有关部门制定《2023 年推进移风易俗工作要点》，明确重点任务和职责分工，指导各地针对高额彩礼、人情攀比、厚葬薄养、铺张浪费等开展专项治理，培育文明乡风、良好家风、淳朴民风。四是加大移风易俗宣传工作。农业农村部联合中央宣传部等开展"移风易俗主题宣传月"活动，部署各地组织多种形式的移风易俗主题宣传。组织开展第四届"县乡长说唱移风易俗"和第四批全国"文明乡风建设"典型案例征集活动，推动乡村焕发文明新气象。

## （五）加强乡村治理体系建设

一是深化乡村治理体系建设试点示范。农业农村部开展第五批全国乡村治理典型案例遴选推介，并会同中央宣传部、司法部开展第三批全国乡村治理示范村镇创建，对前两批认定的乡村治理示范村镇进行复核。各地创新做法层出不穷，"三治"结合实现形式日益丰富，示范带动作用更加明显。二是创新务实管用的乡村治理抓手载体。农业农村部从地方实践做法中，总结提炼、持续推广村民说事、接诉即办、"街乡吹哨、部门报到"等务实管用的治理方式，指导各地因地制宜借鉴利用。中央组织部会同有关部门推动乡镇管理体制改革深化落实，健全乡镇党委统一指挥和统筹协调机制。推行村级网格化管理，重点指导党建引领乡村治理试点县围绕合理划分网格、配强网格力量、完善运行机制、激发治理动能、强化数字赋能等开展探索。三是持续推动为基层减负赋能。中央组织部、中央社会工作部着力推动破解基层治理"小马拉大车"突出问题，指导各地贯彻落实《关于规范村级组织工作事务、机制牌子和证明事项的意见》，推动健全为基层减负长效机制，切实让基层抓落实和服务群众的职责"归位"。

## 二、提升乡村治理水平的主要成效

### （一）农村基层党组织不断建强

村干部队伍不断优化。全国村两委集中换届后，村党组织书记有大专以上学历的占 46.4%，平均年龄为 45.4 岁，本村致富能手、外出务工经商返乡人员、本乡本土大学毕业生、退役军人等致富带富能力较强的占 73.6%。截至 2023 年底，全国共有在岗驻村第一书记 20.6 万名，实现脱贫村、易地扶贫搬迁安置村（社区）、乡村振兴任务重的村以及党组织软弱涣散村全覆盖。中央组织部、中央党校（国家行政学院）联合举办全国村党组织书记和村委会主任视频培训班，首次通过视频直播形式对全国村主职干部开展同步培训。自 2021 年起，农业农村部联合腾讯公司实施"耕耘者振兴计划"，面向乡村治理骨干开展培训，截至 2023 年底累计开班 414 期，培训乡村治理骨干 3.7 万人，基层乡村治理人员综合素质和实战能力得到提升。

### （二）村民自治实践不断深化

积极探索村民自治的有效实现形式，2022 年市场监管总局发布村务管理系列标准，提出了实施村务流程化管理的有关具体要求。2023 年，基本实现行政村村规民约全覆盖，不少地方通过积分制等方式，推动村规民约落地见效。

### （三）平安法治乡村建设不断推进

矛盾纠纷排查化解专项活动持续开展，切实把矛盾纠纷吸附在当地、化解在基层、消除在萌芽状态。截至 2023 年底，全国共有村（社区）、乡镇（街道）调委会 65.2 万个，村（社区）、乡镇（街道）调委会调解员 280.7 万名，村（社区）、乡镇（街道）调委会调解的矛盾纠纷 816.8 万件。农业农村部、司法部联合培育"民主法治示范村（社区）"、农村学法用法示范户和"法律明白人"，目前全国已命名 9 批共 4 938 个"全国民主法治示范村（社区）"，已培育示范户 45 万余户，实现 70％的行政村有示范户的目标。截至 2023 年底，全国共培育乡村"法律明白人"397.2 万名，25 个省（自治区、直辖市）实现每个行政村有 3 名以上"法律明白人"。推进乡村公共法律服务网络建设，全国已建成县以下公共法律服务实体平台 56 万余个。法律顾问基本实现村全覆盖，担任村（居）法律顾问的律师、基层法律服务工作者等法律专业人员达 18.43 万人。同时，深入开展涉农法律援助工作，2023 年全国法律援助机构共组织办理农民和农民工法律援助案件 88 万件，受援农民和农民工 103 万人，为农民和农民工提供法律咨询 449 万人次，有力维护了农村群众合法权益。

### （四）乡村德治水平不断提升

新时代文明实践中心覆盖范围不断扩大，全国所有县乡村实现三级全覆盖，形成共计 2 960 个文明实践中心、3.9 万个文明实践所、60 余万个文明实践站以及数量众多的文明实践基地（点、广场）等阵地平台，农村思想政治工作得以深入推进。道德模范引领作用有效发挥，各级各地组织评选"身边好人""星级文明户""道德模范"等活动，弘扬尊老爱幼、家庭和睦、团结邻里的传统美德。移风易俗工作不断深入，民政部分两批确立了 32 个全国婚俗改革实验区，扎实做好婚俗领域突出问题整治。截至 2023 年底，各地共有婚俗文化廊、婚俗文化展厅等 1 330 处，开展良好家风家教"五进"活动 1.9 万次，文明乡风建设扎实推进、成效显著。

### （五）务实管用的乡村治理方式不断创新

2019 年以来，中央农办、农业农村部、中央组织部、中央宣传部、民政部、司法部指导全国 115 个县（市、区）开展乡村治理体系建设试点示范工作，鼓励地方探索"三治"结合的新模式新路径。各试点单位在党建引领、村民议事协商、矛盾纠纷化解、小微权力监督、农村移风易俗等重点领域和关键环节积极探索，形成了一批可复制、可推广的好经验好做法。截至 2023 年底，共遴选推介全国乡村治理典型案例 155 个，创建 293 个全国乡村治理示范乡镇、2 968 个全国乡村治理示范村。2020 年以来，先后对在全国乡村治理中推广运用积分制、清单制作出专门部署，并持续推广数字化、网格化、村民说事、接诉即办等方式，指导各地因地制宜借鉴利用。2023 年，农业农村部开展了"创新推广务实管用乡村治理方式"专题调研，从全国调研情况看，清单制、积分制、网格化、数字化在行政村的覆盖率均超过 40%。此外，各地全面推行"一村一法律顾问""一村（格）一警"等机制，推动所有村普遍制定或修订村规民约，深入推进"街乡吹哨、部门报到"等工作方式，各种务实管用的乡村治理方式由"点上生根"变成"面上开花"。

## 三、乡村治理面临的主要问题与对策建议

### （一）党建引领乡村治理水平有待提升，需持续优化村党组织带头人队伍

全国村"两委"集中换届后，村班子结构特别是带头人队伍实现整体优化。然而，部分经济发展薄弱、老少边地区，村干部队伍

依然存在"青黄不接"、人才断层的现象，另外，薪酬待遇偏低、职业晋升路径不清晰等问题在一定程度上影响村干部队伍稳定。

要全面加强村干部队伍建设，培养千千万万名优秀的农村基层党组织书记，把农村基层党组织建设成为有效实现党的领导的坚强战斗堡垒。一是拓宽"选"的渠道。建立村级后备力量培育储备机制，注重从本村致富能手、外出务工经商返乡人员、本乡本土大学毕业生、退役军人等群体中发现和选拔人才，进行重点管理和培养。探索"定制村干""兴村特岗"等方式，引导名校优生投身乡村舞台。二是丰富"育"的途径。探索开展村干部学历教育工程。依托各地党校、涉农院校、开放大学等培养村干部，广泛实施"一村一名大学生"计划，回引选配大学生投身乡村治理，提升在岗村干部素质能力。系统打造"村务管理""乡村治理"专业，面向农村"两委"现职人员与骨干能人招生，培养年轻化、应用型乡村振兴干部和致富带头人。三是完善"管"的机制。构建村干部阳光履职约束体系。建立村级财务联审联签制度，加大对村级财务收支的公开力度，逐步实现对村集体资金资源资产的"一网统管"。持续深化村级审计全覆盖，创新交叉监督机制，对村级较大工程项目、大额财务支出、征地拆迁等事项形成多元监督。四是创新"用"的举措。有效提升村干部岗位吸引力。健全以财政投入为主的稳定的村级组织运转经费保障制度，加大对条件艰苦恶劣地区乡村干部的关心关爱力度。健全常态化从优秀村党组织书记中选拔乡镇领导干部、考录公务员、聘用事业编制人员机制，营造干事创业良好氛围。

## （二）"小马拉大车"等基层治理问题有待进一步解决，切实为基层减负赋能

随着社会治理重心不断下沉基层，责任和事权也向基层扎堆转移，作为"最后一公里"的村级组织，职责范畴点多、面广、事

杂，囿于权限不足、人手短缺等现实问题，常常面临责任超载的困境。同时，各地不同程度地存在督查多、检查频、重复调研等问题，导致基层干部工作负担过重，村干部一人多岗、一岗多责，忙于赶进度、做台账、写汇报，压缩了服务群众的时间与积极性。

要进一步梳理村级组织承担工作事项和协助政府工作事项等内容，清理整顿村级组织承担的行政事务多等问题，切实减轻村级组织负担。一是明晰权责范围，向基层放权赋能，为基层减负松绑。优化乡镇（街道）、村、网格三级事项清单，建立县级部门下沉事项准入审批制度。遵循"权随责走、费随事转"的原则，确保基层资源和事权相匹配。二是规范村级组织履职事项。依法规范村级组织协助政务服务事项，实行事项准入和总量控制，根据本地政策支持条件和村级组织的能力，制定本地区村级协助政务服务目录。巩固拓展规范村级组织工作事务、机制牌子和证明事项工作成效，建立健全长效工作机制，让基层做该做的事、做能做的事。三是健全科学考评机制。推动相关部门立足职能职责，统筹把握对基层督查检查考核的总量和频次，有效规避重复督查、无效考核。严控"一票否决"和签订"责任状"事项，严格规范从县乡借调工作人员，让基层有人干事、有精力干事。四是强化基层经费保障。严格落实村级公共服务经费补助资金标准，推动公共服务资源以乡镇党委、村党组织为主渠道投放基层。鼓励通过慈善捐赠、设立社区基金等方式引导社会资金投向村级治理领域，让基层有钱做事、有动力做事。

## （三）乡村治理难点堵点问题有待化解，需持续创新乡村治理实现形式

当前，我国乡村正经历深刻变化，乡村治理正在经历传统管理模式向现代化治理范式的转换，数字化、智能化发展也给乡村治理带来新的机遇和挑战。然而，一些农村地区还存在传统管理的惯性

与局限，村干部素质能力不适应新要求，公益性、服务性社会组织缺失，农民群众参与村庄事务兴致不高，新治理技术运用不充分等问题，制约了乡村治理效能的持续提升。

一是因地制宜推广应用务实管用的治理方式。指导各地梳理村级组织承担工作事项和协助政府工作事项，提升村级管理服务规范化水平。运用积分制，将乡村治理各项事务转化为数量化指标，以积分兑换相应的精神鼓励、物质奖励，充分调动干部群众积极性。鼓励指导各地开展形式多样的数字乡村治理实践，提升基层数智治理水平。二是强化典型宣传与示范引领。持续推进全国乡村治理典型案例遴选推介工作，大力选树宣传乡村治理中涌现出来的先进典型，充分发挥示范带动作用。三是积极推动乡村治理机制创新。鼓励有条件的地方结合实际大胆创新，在党建引领、村民议事协商、矛盾纠纷化解、小微权力监督、村级组织负担等重点领域和关键环节积极探索，强化工作措施、完善政策制度、开展专项整治，扎实有效地解决乡村治理的难点堵点问题。

## （四）农村移风易俗工作有待拓展，需系统实施文明乡风建设工程

在农村社会加快转型的过程中，农民生活方式、价值观念发生了很大变化，传统乡土文化面临外来文化的强烈冲击，农村高质量文化供给有待提升。部分农村地区存在高额彩礼、厚葬薄养、铺张浪费、大操大办等现象，农村赌博屡禁不止，农村宗教非法传播时有发生，低俗文化现象亟待整治。

要通过正向引导和负面清单相结合，运用村规民约等有效手段，系统推动农村移风易俗，树立文明乡风。一是突出党建引领、规范网格治理，加强农村精神文明建设。发挥农村党员干部在革除婚丧陋习、推进移风易俗方面的模范带头作用。建立县、乡、村三级移风易俗工作体系，依托以村党组织为核心、党员为支撑的精细

化管理系统，使农村基层党组织成为治理风俗乱象的前沿和堡垒。二是依托村规民约，强化自我约束，持续推进移风易俗。指导各地基层自治组织把抵制高额彩礼、厚葬薄养、低俗文化、赌博陋习等内容纳入村规民约，支持各村邀请公道正派、群众威信高的老党员、老教师、老战士、老模范等参与，成立道德评议会、红白理事会，引导村民自觉将移风易俗落到实处，倡导文明健康新风尚。三是灵活运用积分制、数字化等治理方式，推动移风易俗深入人心。推动新时代文明实践向村庄、集市等末梢延伸，建立文明实践积分制，对喜事新办、丧事从简、厚养薄葬等行为予以积分奖励，以积分"杠杆"撬动文明实践。充分运用数字网络与自媒体扩大宣传覆盖面，开展县乡长说唱移风易俗、村民讲述家风家训等活动，涵养文明乡风。

# 附录

2023年1月，国务院应对新型冠状病毒感染疫情联防联控机制农村地区疫情防控工作专班印发《农村地区新型冠状病毒感染防控工作指南（乡村基层组织版）》（农防控专班〔2023〕1号）。

2023年1月，中央农村工作领导小组办公室、中央组织部、共青团中央、全国妇联、国务院联防联控机制综合组、民政部、农业农村部、原国家乡村振兴局印发《关于充分发挥农村基层组织作用加强农村地区新型冠状病毒感染疫情防控工作的指导意见》。

2023年2月，中央纪委印发《关于开展乡村振兴领域不正之风和腐败问题专项整治的意见》。

2023年2月，中共中央、国务院印发《数字中国建设整体布局规划》。

2023年4月，中央网信办、农业农村部、国家发展改革委、工业和信息化部、原国家乡村振兴局印发《2023年数字乡村发展工作要点》。

2023年8月，司法部办公厅、农业农村部办公厅印发《关于常态化开展"乡村振兴 法治同行"活动的通知》。

2023年9月，农业农村部印发《关于公布2023年国家乡村振兴示范县创建名单的通知》（农规发〔2023〕18号）。

2023年10月，中共中央印发《干部教育培训工作条例》。

2023年10月，农业农村部办公厅印发《关于推介第四批全国"文明乡风建设"典型案例的通知》（农办社〔2023〕13号）。

2023年11月，农业农村部、中央宣传部、司法部印发《关于公布第三批全国乡村治理示范村镇名单及前两批全国乡村治理示范村镇复核结果的通知》（农经发〔2023〕5号）。

2023年12月，中央网络安全和信息化委员会印发《关于防治"指尖上的形式主义"的若干意见》。

# 黑龙江省农村社会事业发展报告

农村社会事业是"三农"工作的重要组成部分，是全面推进乡村振兴的重要内容。党的二十大报告明确要求，"统筹乡村基础设施和公共服务布局，建设宜居宜业和美乡村"。近年来，黑龙江省全面贯彻落实党的二十大特别是习近平总书记视察黑龙江时的重要讲话、重要指示精神，学习运用浙江"千万工程"经验，瞄准"农村基本具备现代生活条件"的目标，扎实推进农村重点领域基础设施建设，不断提升农村基本公共服务供给水平，稳步增强农村人居环境舒适度，持续繁荣发展乡村文化，提高了农民群众获得感、幸福感、安全感。

## 一、农村社会事业发展的主要举措

2023 年，黑龙江省全面实施"百村精品、千村示范、万村创建"行动，统筹推进新型城镇化和乡村全面振兴，着力补齐农村基础设施、基本公共服务短板，加快完善农村社会保障体系，扎实推进农村社会事业发展提质增效，为实现乡村全面振兴、建设幸福龙江夯实基础。

## （一）强化农村社会事业发展顶层设计

中共黑龙江省委、黑龙江省人民政府高度重视农村社会事业发展，先后出台《乡村振兴责任制实施细则》《关于做好2023年全面推进乡村振兴重点工作的实施意见》《"十四五"公共服务规划》，围绕教育、医疗卫生、文化体育、社会保障、农村人居环境整治、基础设施建设等领域，出台一系列促进城乡公共资源均衡配置、生产要素自由流动平等交换的政策举措、发展规划，为推动农村社会事业高质量发展作出了系统部署（表1）。

表 1 黑龙江省农村社会事业主要配套政策

| | |
|---|---|
| 全局统揽 | 《关于做好2023年全面推进乡村振兴重点工作的实施意见》 |
| | 《乡村振兴责任制实施细则》 |
| | 《"十四五"公共服务规划》 |
| 教育 | 《"十四五"教育事业发展规划》 |
| | 《"一市一案"推动区域职业教育产教融合创新发展的指导意见》 |
| | 《关于进一步做好高校困难毕业生群体就业帮扶工作的通知》 |
| | 《学生资助资金管理办法》 |
| | 《支持学前教育发展资金管理办法》 |
| 医疗卫生 | 《进一步深化改革促进乡村医疗卫生体系健康发展实施方案》 |
| | 《关于全面落实乡村医生补助经费的通知》 |
| | 《关于推进全省基层医疗卫生机构纳入医保定点管理工作的通知》 |
| | 《关于推动"满编运行"提升基层医疗卫生机构服务能力的通知》 |
| | 《关于进一步做好紧密型县域医共体医保总额付费试点工作的通知》 |
| | 《关于建立县乡村三级医疗卫生机构药品统筹联动管理机制的通知》 |
| | 《关于推进家庭医生签约服务高质量发展的实施方案》 |

（续）

| | |
|---|---|
| 文化体育 | 《关于加快构建现代公共文化服务体系的实施意见》 |
| | 《文化和旅游厅关于进一步推动农村文化惠民工作的通知》 |
| | 《关于实施"送戏下乡"等文化惠民工程的通知》 |
| | 《推进基层综合性文化服务中心建设实施方案》 |
| | 《关于做好"新时代乡村阅读季"活动有关工作的通知》 |
| | 《全民健身实施计划（2021—2025年）》 |
| | 《健康龙江行（2019—2030年）实施方案》 |
| 社会保障 | 《促进创业带动就业行动计划（2022—2025年）》 |
| | 《关于实施农村实用人才带头人培训计划》 |
| | 《农村创新创业带头人培育行动计划（2020—2025年）》 |
| | 《关于扎实做好兜底保障工作进一步提升社会救助工作质效的通知》 |
| | 《低收入人口审核确认和救助帮扶办法（试行）》 |
| | 《社会救助信息共享和数据利用管理办法》 |
| | 《关于开展特殊困难老年人探访关爱服务实施方案》 |
| 农村人居环境整治 | 《农村人居环境整治提升五年行动方案（2021—2025年）》 |
| | 《"十四五"农村厕所革命实施方案》 |
| | 《农村户厕"农民自建、先建后补、市场化运维"机制的实施意见（试行）》 |
| | 《农村问题户厕整改"百日攻坚"行动方案》 |
| | 《农村"厕所革命"财政奖补资金管理办法（试行）》 |
| | 《农村室内厕所改造实用操作规范（试行）》 |
| | 《农村室内水冲厕所改造技术攻关与模式创新实施方案》 |
| | 《农村生活污水治理规划（2022—2025年）》 |
| | 《农村生活污水治理资源化利用技术规程》 |
| | 《农村生活垃圾分类、收集、转运标准》 |
| | 《农村生活垃圾处理标准》 |
| | 《边境城镇特色风貌建设规划》 |
| | 《关于加快推进国土空间规划编制工作的通知》 |
| | 《关于加强国土空间详细规划工作的通知》 |
| | 《关于深入学习浙江"千万工程"经验的通知》 |

（续）

| | |
|---|---|
| 基础设施<br>建设 | 《加快推进农村公路建设三年行动方案（2023—2025 年)》<br>《关于推进全省农村客运公交化改造的指导意见》<br>《关于协同推进农村快递物流服务体系建设的通知》<br>《关于做好农村供水保障工作的指导意见》<br>《农村供水高质量发展规划（2023—2035 年)》<br>《农村危房改造补助资金管理办法》<br>《支持抵边村建设行动方案（2023—2025 年)》 |

## （二）完善农村社会事业多元投入机制

坚持把农村社会事业作为重点投入领域，农村教育、卫生、文化等财政投入呈现正向增长趋势，逐步形成财政优先保障、金融重点倾斜、社会积极参与的多元投入格局。加大农村公共服务、基础设施政策资金协调力度，2023 年共争取中央预算内资金 10.5 亿元，支持 44 个教育、托育、医疗、卫生、养老等民生项目建设；争取中央以工代赈资金 1.35 亿元，支持海伦、虎林等 13 个脱贫县、边境县农村基础设施建设。加大省级财政对乡村建设投入，安排专项资金 49.88 亿元，支持农村公路提升、危房改造、人居环境整治等项目建设。同时，用好财政资金发挥杠杆作用，引导推动社会资本、信贷资金投入农村社会事业建设。

## （三）推动农村公共基础设施提档升级

坚持以宜居乡村建设为统领，推动基础设施建设向农村覆盖，全方位打造农村基础设施提档升级的新模式。

一是加快"四好农村路"建设。印发《黑龙江省加快推进公路建设三年行动方案（2023—2025 年)》，全面启动新一轮农村公路建设和改造工作。以"四好农村路"示范创建为抓手，安排农村公路债券资金 18.5 亿元，大力解决农村公路等级偏低、路况较差等问题。加强农村公路养护和安全管理，推动与沿线配套设施、产业园区、旅游景区、乡村旅游重点村一体化建设。完善农村公路"路长制"长效运行机制，按照"县道县管、乡村道乡村管"原则，健全评价指标体系和激励约束机制。推进农村公路信息化试点工作，打造农村公路"一路一档"信息化龙江模式。

二是实施农村供水保障工程。以新建供水工程、规模化供水工程和城乡供水一体化工程为主，结合老旧管网和水厂改造工程建设，开展水质提升专项行动。将群众反映强烈、亟须解决的老化失修、建设标准低、冬季管网易冻损的农村供水设施以及各渠道反映的农村供水问题纳入维修养护范围，完成全部维修养护任务。

三是落实住房安全政策。市县住建部门、乡村振兴、民政部门定期比对脱贫户、监测对象住房安全保障信息和动态新增危房户信息，对符合改造条件的农村低收入群体，按照"愿改尽纳、即认即改、先改后补"原则，及时组织实施农村危房改造，实现农村低收入群体等重点对象住房安全问题动态清零。指导农户在危房改造中同步实施建筑节能改造和抗震改造，降低能耗和农户采暖支出，提高农房节能水平。

四是推进物流体系建设。印发《黑龙江省冷链物流和烘干设施建设专项实施方案》《黑龙江省交通运输行业2023年推进落实现代物流发展专项行动工作方案》《黑龙江省县域商业三年行动实施方案》等文件，分类部署，明确全省冷链设施建设重点任务。争取中央服务业发展资金2.48亿元，支持县域商业体系和农产品供应链体系建设。持续优化冷链物流体系布局，香坊区宝鼎农产品冷链物流中心、哈东综合保税区物流园一期、齐齐哈尔国际物流园一期等一批大项目先后建成投产。

五是加快数字乡村建设。推进边境沿线5G基站、双千兆网络等通信基础设施建设，补齐通信覆盖网点。完善农村智慧应急管理体系，推进暴雨、局部地区突发强对流天气预警信号精确到乡镇。大力推进学校联网攻坚行动，加快补齐办学条件短板。全面推进全民健康信息互联互通工作，实现乡镇卫生院远程医疗全覆盖。依托"龙江先锋"省市县三级党建云平台，开发"数字乡村"栏目，打造"身在最北方·心向党中央"党员线上教育特色品牌。

### （四）推进农村人居环境整治提升

全面落实《黑龙江省农村人居环境整治提升五年行动方案》，聚焦"4＋2"重点任务，推模式、抓典型，各项工作取得了重要成果。黑龙江省和美乡村建设典型经验在全国学习运用"千万工程"经验现场会上作了交流推介。

一是持续深化农村"厕所革命"。完善落实《黑龙江省农村户厕"农民自建、先建后补、市场化运维"机制的实施意见（试行)》，探索开展农民自建、先建后补、市场化运维机制试点示范，改造升级农村改厕管理服务平台，推进信息录入、"一户一码"、配套服务等重点工作，创新管理服务模式，发挥农民主体作用，全面提升农村改厕质量效率。推动实施农村改厕"质量提升年"，开展问题厕所整改"百日攻坚"行动，开展农民改厕"大比武"，组织专家组、科研院校和有关企业广泛开展改厕模式试点，确保好事办好、实事办实。

二是梯次推进农村生活污水治理。落实《黑龙江省农村生活污水治理规划（2022—2025 年)》，印发《黑龙江省农村生活污水治理资源化利用指南》《黑龙江省农村生活污水治理资源化利用技术规程》。加强污水资源化利用资金投入力度，支持 16 个市县使用污水治理一般债券资金 5.1 亿元；争取中央财政资金 2 亿元，支持绥化市开展全国首批农村黑臭水体治理试点。建立行政村分类治理名录，以乡政府驻地等人口聚集区及环境敏感区为重点，优先采取资源化利用的治理模式，分阶段对农村生活污水应管尽管、应治尽治。

三是全面提升农村生活垃圾收运质效。推广"村收集、乡转运、县处理"治理模式，及时收集、转运、处置农村生活垃圾。实施"春风行动""秋冬季排查整治"等专项行动，督促各地开展全域全覆盖排查。采用"四不两直"等方式，常态化发现、处理生活垃圾收运处置过程中的问题，推动农村生活垃圾收转运体系规范运行。

四是全面打响村庄清洁"四季战役"。重点围绕"六清一修一改一建"，聚焦农村生活垃圾、生活污水、河塘沟渠、畜禽粪污、农村改厕，抓好抓实村庄清洁行动，保持村庄干净整洁。开通农村人居环境整治问题"随手拍"线索征集平台，充分发挥农民群众监督作用。围绕开展爱国卫生月活动，对环境卫生问题进行集中整治。因地制宜开展村庄绿化，巩固提升乡村绿化美化质量。

五是大力开展菜园综合开发利用。构建庭院经济协同创新体系，创新庭院经济新发展模式，充分发挥科技赋能作用。加快将菜园经济指标纳入统计范围。召开全省巾帼生态小菜园建设工作视频会议，在"龙江女性"公众号上开通巾帼助农直通车——"巾帼生态小菜园蔬菜备春耕生产技术"直播，培育"美丽乡村＋"农业、文化、旅游等新业态，宣传各地小菜园建设成果，引导广大农村妇女积极开展美丽庭院建设。

六是探索推进龙江特色民居建设。组织协调规划师、建筑师开展送技术下乡活动，加强民房设计技术指导。通过黑龙江日报等新闻媒体，广泛宣传龙江民居省级试点村建设风貌和建筑特点，引导广大群众参与试点村建设。实施"百村精品、千村示范、万村创建"行动，推进乡村建设由人居环境整治向基础设施建设、公共服务提升、生态休闲旅游等全面融合升级。

## （五）大力发展农村教育

全面落实《黑龙江省教育乡村振兴 2023 年工作要点》《2023年省教育厅全面推进乡村振兴工作台账》，建立完善城乡教育协调发展机制，推进更多优质教育资源向乡村倾斜，持续提升农村学校办学条件和教育质量。

一是提高农村学前教育水平。持续增加普惠性学前教育资源供给，完善农村普惠性幼儿园布局，加强公办幼儿园建设，鼓励支持有条件的幼儿园招收 2～3 周岁幼儿。指导各地制定学前教育普及普惠目标及新增普惠性幼儿园目标任务清单，一对一指导各地科学设定目标。统筹支持学前教育发展专项资金，支持改善学前教育阶段办学条件。

二是巩固拓展农村义务教育成果。统筹义务教育薄弱环节改善与能力提升专项资金，重点向 13 个乡村振兴帮扶县倾斜，支持农村学校改善义务教育阶段办学条件。建立完善适龄儿童少年控辍保学机制，狠抓留守儿童、无人抚养儿童、家庭困难学生等群体入学工作，定期摸排统计、比对核查，实现了控辍保学常态清零。继续实施农村义务教育学生营养改善计划，下达补助资金 3.78 亿元，有效提高了学生膳食质量。修订《黑龙江省学生资助资金管理办法》《黑龙江省学生资助资金管理实施细则》，完善助学贷款政策，提高家庭困难学生认定精准度。全年共资助学生 56.37 万人次，资助金额 12.8 亿元，办理助学贷款 5.2 亿元。

三是推进县中托管帮扶。推进落实部属高校托管帮扶工作，依托省属高校及部分附属高中优质资源，托管帮扶 13 个地市县高中。指导各地制定本地县中发展提升计划，组织各地市域优质高中通过"领航示范发展共同体""普通高中发展共同体"、结对帮扶等形式，帮扶域内薄弱县中 98 所。构建优质高中与薄弱县中"线上＋线下"教研交流体系，利用线上同步课堂、讲座培训、听课诊断、教学示范、校际交流等活动，进一步加强校际间教育教学交流，提升帮扶县中教学质量和学校管理水平。

四是推动涉农职业教育发展。启动实施 11 项现代职业教育体系建设改革重点任务。在齐齐哈尔市建设职业教育服务乡村振兴创新发展示范区，成立乡村振兴学院 9 个、专家工作站 9 个、科技推广服务队 17 个。持续推进 33 所国家级和省级乡村振兴人才培养优质校建设。根据县域农业产业特点，梳理农技需求清单，组建农林牧渔专业专家库 12 个，组织高校对口服务 18 个边境县农业生产，累计培训农民 1.6 万人次。黑龙江省在 2023 年全国教育工作会上以"发展职业教育　服务乡村振兴"为题作了经验交流。

## （六）补齐农村医疗卫生短板

印发《贯彻落实以基层为重点的新时代党的卫生与健康工作方针　推动基层医疗卫生事业高质量发展的若干措施》，创新思路方法，加强统筹联动，推动基层医疗卫生事业高质量发展。

一是整合城乡医疗卫生资源。加快优质医疗卫生资源下沉，推进基层医疗服务均等化，初步实现了行政村卫生室人员、场地、常用药品和设备、服务保障"四个到位"。建立乡镇卫生院大学生动态补充机制，持续在新闻媒体上宣传乡镇卫生院招聘大学生相关信息；与相关医学院校沟通，吸引省内外医学毕业生入职乡镇卫生院；指导并协调各地加强与医学高校的联系，精准扩大招聘政策宣传覆盖面。努力做好基层医疗卫生机构"满编运行"工作，加大空编使用力度，提高编制资源使用效益。着力提高乡村医生工作积极性，开展全省乡村医生补助落实情况调查，推动乡村医生补助经费足额发放到位，保障乡村医生合法权益。

二是优化乡村医疗卫生服务。持续实施"优质服务基层行"活动，积极落实便民惠民服务举措。推进家庭医生签约服务，扩大家庭医生服务供给，提高签约覆盖面和服务质量。完善并落实基本公共卫生服务经费、医保基金和农村居民个人共同负担家庭医生签约服务费政策，拓宽筹资渠道，探索统筹使用，完善分配机制。推动基层卫生健康便民惠民服务举措在全省落地落实，切实增强基层群众卫生健康获得感。开展全省基层医疗卫生机构纳入医保定点管理工作。

三是推动优质医疗资源下沉。强化村卫生室基本医疗服务能力，配齐配强村卫生室诊疗设施设备，建立村医常态化专业培训机制，加大大学生乡村医生继续医学教育资源供给。大力推进紧密型县域医共体建设，牵头县级医院通过建设分院、门诊部、业务科室等形式，实现优质医疗服务资源向乡村延伸下沉。加强全省医保定点村卫生室普通门诊报销工作管理，组织开展医保定点村卫生室规范使用医保基金专项整治，采取县域内医疗卫生机构整体参加医疗责任保险等方式，健全村卫生室医疗风险分担机制，确保医保基金使用安全。

## （七）加强农村精神文明建设

实施乡风文明建设工程，推动新时代文明实践向村庄、集市延伸，大力推进农文体旅融合发展，着力提升农民精神风貌，提高乡村社会文明程度。

一是积极打造文化惠民品牌。广泛开展"大地欢歌"乡村文化活动年、"我们的中国梦——文化进万家"、文化惠民"蒲公英"计划、"冰天雪地·美好生活"、"送欢笑到基层"演出、文化下乡集中示范、全省广场舞展演等系列文化活动。聚焦"五一""六一"等重要节点和元旦、春节等传统节庆，常态化组织送演出、送图书、送讲座等群众喜闻乐见的文化活动。组织"新时代乡村阅读季"系列活动，通过开展"保供增收"领读计划、"你读书、我买单"乡村数字阅读行动、培育发现"乡村阅读榜样"等，扎实推进新时代乡村阅读服务体系建设，打造乡村阅读新生态。

二是文化产业赋能乡村振兴。遴选一批文化产业赋能乡村振兴重点项目，统筹用好省级现有相关专项资金，对乡村文化振兴类项目进行扶持，以文化产业赋能乡村人文资源和自然资源保护利用，贯通产加销、融合农文旅。在哈尔滨阿城区等开展文化产业赋能乡村振兴试点，发挥县域统筹规划、资源配置作用，激活乡村文化资源，探索文化产业赋能乡村振兴新路径。

三是积极推进乡村旅游发展。推进国家级、省级乡村旅游重点村镇建设，指导有红色文化资源的乡村推进"乡村＋红色"融合发展，增强乡村旅游产业发展内生动力。指导全省少数民族村落、历史文化名村等特色村落，借助文化资源优势，发展乡村旅游产业，推动保护利用不可移动文物。积极打造"乡村四时好风光"全国乡村旅游精品线路，提高乡村旅游知名度。持续开展"游购乡村"等促消费活动，促进乡村旅游消费有序恢复发展。

四是推动农村体育事业发展。扩大农村体育健身活动赛事供给，引导各地开展乡村篮球赛等多种形式的乡村体育活动。加大农村全民健身场地设施建设力度，持续推进"补短板"行动，大力推进县、乡、村三级公共健身设施和社区15分钟健身圈全覆盖。积极建设生态化、数字化、智能化全民健身场地设施，推动公共体育场馆免费或低费向社会开放，有效满足农民群众健身需求。加强农村地区社会体育指导员培训，扩大社会体育指导员队伍规模，提高指导服务率和科学健身指导服务水平。

五是推进农村移风易俗。印发《农村移风易俗重点领域突出问题专项整治倡议书》，持续开展"除陋习、树新风"专项整治行动，发挥"一约四会"作用，大力整治高额彩礼、大操大办等陈规陋习。加强农村法治宣传教育，广泛开展"村BA"、四季"村晚"、广场舞大赛等富有农耕农趣农味的群众性文体活动，用先进文化引领淳朴民风、社会新风。

## 二、农村社会事业发展的主要成效

### (一) 农村基础设施建设日趋完善

一是农村道路建设成果显著。全年完成固定资产投资 87 亿元、建设农村公路 6 021 公里、改造农村危桥 339 座，农村公路总里程达到 12.37 万公里，占全省公路总里程的 73%。全省创建"四好农村路"国家级示范县 12 个、省级示范县 28 个，带动全省乡镇和具备条件建制村 100% 通硬化公路，农村公路列养率达到 100%。

二是农村饮水安全持续巩固。农村供水保障工程有效推进，落实地方政府一般债券资金 7.7 亿元，支持 63 个县供水保障项目建设，有效提升了 73.4 万农村居民供水保障水平。

三是农村住房政策全面落实。争取中央补助资金 14 383 万元、省级补助资金 7 929.6 万元，完成农村低收入群体等重点对象危房改造 7 647 户。核实住房安全问题户 244 户，已通过改造、租赁等方式全部解决。指导各地采取建新拆旧、政策引导和适度补助拆除、维修、观察使用等方式分类推进农村危房整治，完成 5 万栋年度计划任务。

四是农村物流服务体系更加健全。推进"快递＋"产业协同发展，培育快递服务现代农业超千万件项目 1 个，超百万件项目 10 个，业务收入达 3.42 亿元，带动农特产品销售额 23.14 亿元。全年累计建成 33 个县级寄递配送中心、8 050 个村级寄递物流综合服务站，实现全省农村社区综合服务设施全覆盖。全省 242 个抵边自然村全部通邮。全省建成"交邮供"合作站点 782 个，开通"客货邮"合作线路 112 条，建立乡镇集配中心 35 个，建设直播场地 25 个。

五是数字乡村建设取得实效。在农村地区建设 5G 基站 4 504 个，实现了 5G 网络、光纤宽带基本覆盖全部行政村。全省农产品质量安全追溯管理系统完成与国家平台对接，为新型农业经营主体提供产品溯源服务，全省追溯面积 4 500 万亩，入驻企业 2 600 余家，带动农产品质量安全监测总体合格率稳定在 98％以上。

## （二）农村人居环境明显改善

一是农村改厕质量巩固提升。全省新建卫生厕所 2 万余户，农村卫生厕所普及率稳步提升。探索创新了管网式、净化槽式、土地处理等 7 种改厕模式，重点推广接入城镇管网、建设村级管网＋小型污水处理设施、净化槽就地降解、室外卫生厕所 4 种较为成熟的改厕模式。

二是农村生活污水治理持续推进。全省农村生活污水治理率由"十三五"时期的 12.5％提升至 33.4％，新增完成 348 个行政村环境整治，治理较大面积的农村黑臭水体 37 个。

三是农村生活垃圾处理机制健全完善。出台《黑龙江省农村生活垃圾分类、收集、转运标准》《黑龙江省农村生活垃圾处理标准》等技术规范性文件，农村生活垃圾治理标准体系不断完善。全省行政村构建了农村生活垃圾收转运体系，"户分类、村收集、镇转运、县处理"农村生活垃圾基本治理模式全面铺开。哈尔滨、鸡西、七台河、黑河等地垃圾收转体系稳定运行率达到 100％。

四是村容村貌整治提升深入推进。村庄清洁行动全省出动车辆 159 万台（次）、人员 310 万人次，清理农村生活垃圾 238.6 万立方米。村庄绿化全省共完成 2.47 万亩。爱国卫生月活动全省共动员党员干部 248 万余人次，组织集中清整活动 7 649 次，治理村屯 1.3 万余个。肇源、集贤、鸡东、漠河 4 个县被评为 2023 年全国村庄清洁行动先进县。

五是民居建设水平明显提升。省级编发了 3 大类 14 种类型 35 个"龙江民居"户型示范图集，累计建设黑土风情类、民族特色类、文化融合类等龙江民居试点村 86 个，累计建设省级美丽宜居村庄 611 个。

## （三）农村教育水平明显提升

一是乡村教师队伍建设水平有效提升。全省"特岗计划"共招聘 1 484 人，已有 3 588 名特岗教师选择服务期满留在当地任教。省属公费师范生培养项目共招收 997 人，"三区"人才支持计划教师专项计划选派 203 名优秀教师到受援地开展支教工作，乡村教师队伍得到有力补充。培训农村中小学和幼儿园教师近 2.1 万人，乡村教师教育教学水平持续提升。

二是农村办学条件得到改善。统筹义务教育薄弱环节改善与能力提升专项资金 1.02 亿元，优化改造乡村小规模学校的办学条件。统筹支持学前教育发展专项资金 7 021 万元，支持农村学校改善学前教育阶段办学条件。统筹改善普通高中办学条件专项资金 5 427 万元，支持县域学校改善普通高中办学条件。

三是涉农类职业教育快速发展。全省现有 13 所高等职业院校和 65 所中等职业学校共开设 48 个涉农相关专业，设置涉农专业点数 190 个。启动市域产教联合体建设工作，遴选哈尔滨市等 5 个省级市域产教联合体申报国家级市域产教联合体建设项目。举办中职龙江特色项目之边境县专题培训，线上培训 18 个边境县职业学校教师 800 名。

四是农村困难学生帮扶政策有效落实。坚持家庭经济困难学生应助尽助，共资助各学段学生 56.37 万人次，资助资金 12.8 亿元，为 4.74 万名高校新生办理国家助学贷款 5.2 亿元。足额落实农村义务教育学生营养改善计划，下达农村义务教育学生营养膳食补助资金 3.78 亿元，每天生均补助 5 元。

## （四）农村卫生服务体系更加健全

一是医疗卫生队伍建设持续加强。全省招聘 300 余名医学毕业生到乡镇卫生院任职，完成 1.8 万名乡村医生注册和再注册工作。

全省 1 468 家基层医疗卫生机构空编率 29.9%，较年初降低 4.78 个百分点。实施 2023 年国家基层卫生人员能力提升培训项目，通过线上线下培训 1 531 名基层医务人员，有效提升了从业人员理论水平和实践能力。

二是医疗卫生服务能力不断提升。全省达到"优质服务基层行"活动能力以上标准基层医疗卫生机构累计 1 368 家，占基层医疗卫生机构的 92.06%。达到推荐标准的基层医疗卫生机构累计 289 家，占基层医疗卫生机构的 19.45%，全省"优质服务基层行"活动位列全国第 10 位。推动基层卫生健康便民惠民服务举措落地落实，人、财、物纳入乡村卫生一体化管理的村卫生室占比达到 94.63%。推动全省基层医疗卫生机构纳入医保定点管理，纳入医保定点管理的基层医疗卫生机构比例从年初的 54% 提高到 95%。

三是县乡医疗卫生资源联动共享。全省 71 个县（市、区）已建成紧密型县域医共体 113 个，其中，单一医院牵头的县（市、区）共有 32 个，多家医院牵头的县（市、区）共有 39 个。牵头县级医院通过建设分院、门诊部、业务科室等形式，充分将优质医疗服务资源向乡村延伸和下沉。落实《关于进一步做好紧密型县域医共体医保总额付费试点工作的通知》要求，在兰西县、宾县、大庆大同区开展试点工作。

### （五）农村文化事业繁荣发展

一是文化服务供给更加丰富。省直 3 家文艺院团组织"送欢笑到基层"演出活动 93 场。全省共组织开展各类乡村群众文化活动 200 余场次，有 5 500 多名文化工作者、文化志愿者和各行各业的文艺爱好者参与其中，受众达 15 万多人次。截至 2023 年底，全省农家书屋与文明实践中心（所、站）的融合率达到 74.21%，农家书屋配备图书 1 880 万余册（份）、电脑 7 000 余台，数字农家书屋阅读平台注册用户达 64 万人。

二是乡村旅游发展成效显著。积极推进国家级、省级乡村旅游重点村镇建设，示范引领建设全方位、多层次的乡村旅游品牌体系。截至目前，全省拥有国家级乡村旅游重点镇 6 个，国家级乡村旅游重点村 43 个，省级乡村旅游重点村 110 个，省级乡村旅游重点镇 9 个。举办第八届全国民宿大会暨全国首届森林民宿大会，发布省级民宿区域公共品牌，为 8 家星级民宿企业授牌，现场推介 13 个市地旅游资源，签约 4 个民宿项目。开展省级星级民宿和"黑龙江省 2023 年度最受欢迎民宿"评选评比，评选出具有黑龙江代表性的民宿 15 家、四星级和三星级民宿 8 家。

三是农村体育事业蓬勃发展。建成健身路径器材、群众滑冰场、农民健身工程等全民健身路径场地设施 400 余处，群众身边的健身场地设施进一步完善，农民健身设施数量不断增加。为各市（地）新配备了二代智能健身路径、智能滑雪机及全民健身室外路径器材，数字化智能化健身设施和场地设施实现新升级，人均体育场地面积达到 2.47 平方米。开展以"运动进乡村·健康伴你行"为主题的促进乡村振兴全民健身志愿服务活动，充分发挥体育在助力乡村振兴中的重要作用。开展"体育三下乡"系列志愿服务活动等，培养农村群众的健身意识、指导科学锻炼，带动广大群众参与全民健身。

## （六）农村社会保障体系日趋完善

一是农村就业创业规模更加稳定。开展重点群体创业推进行动，实施环境优化、主体培育、服务护航、政策扶持等创业专项计划，2023 年为农村自主创业农民、返乡创业农民工、脱贫人口发放创业担保贷款 8.2 亿元。坚持省内、省外"双线并进"，扩大劳务协作覆盖面，提高劳务协作辐射力，增强劳务协作吸引力，全年共输出劳动力 84.7 万人。将乡村公益性岗位作为稳定、扩大脱贫人口就业的重要举措，进一步加强脱贫人口乡村公益性岗位开发和管理，全年共开发乡村公益性岗位 10.37 万个。

二是农村基本养老服务持续优化。出台基本养老服务体系建设实施方案、服务清单，加强农村幸福大院等互助养老设施建设，鼓励县级敬老院、乡镇特困供养机构向周边农村延伸服务，为独居、空巢、留守老人提供需求对接、必要救援等探访关爱。2023 年，全省 67 个县（市）全部建有公办特困人员供养服务设施，建有乡镇级养老机构 207 个。落实农村居民基本养老保险待遇确定和基础养老金正常调整机制，将农村居民基础养老金最低标准由 118 元提高到 133 元，惠及全省 360 余万群众。

三是村民参保资助政策有效落实。全面落实困难群众城乡居民基本医保参保财政补助政策，对个人缴费确有困难的群众给予分类资助，其中，对特困人员、孤儿、事实无人抚养儿童给予全额资助；对低保对象、返贫致贫人口给予不低于 60% 的定额资助；指导各市（地）对纳入监测范围的农村易返贫致贫人口，在过渡期内按照不高于低保对象资助标准，给予定额资助政策。同时，适应人口流动和参保需求变化，灵活调整救助对象参保缴费方式，确保及时参保、应保尽保。2023 年，全省累计住院、门诊救助 200 万人次，救助支出 12.46 亿元。

四是农村社会救助范围不断拓宽。规范低收入人口认定程序，适度放宽重度残疾人"单人保"条件，细化完善低保渐退、就业促进等激励保障政策，并将专项救助向低保边缘等低收入人口延伸，实现应保尽保、应救尽救。2023 年，将全省 51.75 万脱贫人口全部纳入低收入人口救助帮扶范围，其中有 26.64 万人享受农村低保和特困供养等基本生活保障，兜牢不发生规模性返贫底线。建立省级统筹的低保标准动态调整机制，农村低保标准提高到 483 元/人·月，同比提高 9.5%，困难群众基本生活更有保障。

# 三、农村社会事业发展的短板和弱项

2023 年，黑龙江省农村社会事业工作取得积极成效，但因自然禀赋、区位条件、发展基础、政策体制等因素制约，基础设施建设水平、公共服务效能、人居环境整治成效等方面仍有许多问题需要破解，与发达省份相比差距明显，实现高质量发展任务重、压力大。

## （一）基础设施建设存在短板

从全省农村基础设施建设现状看，中心村好于自然村，脱贫村好于一般村，城郊村好于偏远村，少数民族村好于非民族村。但总体上与发达省份相比仍存在不小差距。一是基础设施建设欠账较多。近年来，黑龙江省经济发展相对滞后，各级财政较为困难，部分村屯在道路、供水、通信、电力以及文化场所等方面建设不足，难以满足农民群众实际需要。二是基础设施布局有待优化。有些地方没有统筹考虑乡村区位、产业发展布局，没有顺应村庄演变、人口变化趋势，导致农村基础设施建成后使用效率不高。

## （二）公共服务效能亟待提升

黑龙江省不仅生育率低，而且人口外流严重，致使青壮劳动力持续流失、本土人才显著匮乏、村庄空心化日益突出，制约了农村公共服务效能提升。一是公共服务队伍不稳定。乡村教育、医疗等公共服务领域人才供给总量相对不足，乡村医生、农村教师等队伍面临工作压力大、职业自我效能感弱、年龄偏大等问题，乡镇基层医疗卫生机构、基础教育学校人才引不进、留不住、用不好问题依然突出。二是乡村就业不充分。部分农村地区由于缺少过硬技术，自身没有充足的发展动力，没有足够的资金和合适的项目发展相应

121

产业等，就业岗位扩容难度大。三是基层力量保障不到位。部分基层阵地存在挂牌而未落实相应人员编制、工作经费等问题，不少基层人员"身兼数职"，导致工作质效不高。

### （三）人居环境改善制约因素较多

黑龙江省地处偏远、气候恶劣，改善农村人居环境存在诸多困难和制约因素，压力较大、任务较重。一是地域气候条件恶劣。黑龙江省地处高寒地区，施工标准要求较高，常规建设模式"水土不服"，设施设备常出现故障。比如，近年来探索了多种改厕模式，城镇和自建管网模式厕所问题少但造价过高和适宜地区少，化粪池式模式成熟但在高寒地区冻胀损坏严重，节水水冲式厕所用电费用高冬季易结冻堵塞，免冲生态厕所粪污处理有异味等。二是环境建设任务繁重。全省农村人居环境整治涉及"厕所革命"、生活污水治理、生活垃圾治理、村容村貌提升和菜园开发利用、龙江民居建设等多项任务，涉及人力、物力、财力、技术、产业、市场等多种要素，时间跨度长，整治难度大。比如，当前黑龙江农村生活污水治理率仅为33.6%，农村卫生厕所普及率仅为35.4%，分别低于全国平均水平6.4个和35个百分点。三是设施长效管护困难。省内部分农村地区大部分资金用于设施项目前期建设，后期运营管护资金不足，导致长效管护运转困难。

### （四）建设运行机制尚需完善

一是建设资金投入不足。受国内外经济形势影响，全省各地经济下行压力进一步加大，农村地区社会事业投入放缓，社会力量参与农村社会事业热情降低，一些地方推动社会事业发展与财力投入严重不足问题比较突出。二是部门统筹联动不够。针对农村社会事业发展的政策统筹与联动较弱，跨部门协作力度不够，导致资源难以优化配置，尚未形成集中力量办大事的工作格局。三是群众参与热情不高。有些地方照抄照搬城市建设模式，乡村建设项目由政府大包大揽，下指标、压任务，村集体和村民参与度不高，简化审批、以工代赈、以奖代补等机制落实不到位，联农带农惠农作用不明显。

## 四、农村社会事业发展面临的新形势新要求

当前，在全省上下深入贯彻落实习近平总书记视察黑龙江重要讲话、重要指示精神，加快实现黑龙江全面振兴、全方位振兴的背景下，推进黑龙江农村社会事业高质量发展具有极其重要的意义，也面临着新的形势和任务要求。要紧紧把握省情农情，紧密结合东北地区农村社会发展特征，整合资源要素，统筹各方力量，聚焦农村教育、医疗、养老、就业等民生热点难点问题，持续发力、久久为功，不断夯实幸福黑龙江建设民生基础。

（一）习总书记视察黑龙江重要讲话重要指示、"千万工程"创新实践对农村社会事业发展提出了新要求

2023年，习近平总书记就浙江"千万工程"创新实践作出重要批示，要求各地区和有关部门坚持新发展理念，因地制宜、分类施策，加快城乡融合发展步伐，继续积极推进美丽中国建设，全面推进乡村振兴，为实现中国式现代化奠定坚实基础。同年，习近平总书记视察黑龙江，并发表重要讲话指出，要让农村具备现代化生活条件，提升农民群众的幸福感、获得感。习近平总书记的重要指示，为下一步黑龙江省推进乡村全面振兴提供了根本遵循。"千万工程"的实践范例，为下一步加快发展全省农村社会事业作出了先行探索和示范。要深入贯彻落实习近平总书记重要讲话、重要指示精神，学习运用浙江"千万工程"经验，根据黑龙江省社情农情，聚焦就业、教育、医疗、养老等民生实事，不断强化调查研究和工

作谋划，鼓励引导基层因地制宜创新探索个性化发展模式，为推进中国式农业农村现代化贡献力量。

### （二）农民公共服务需求转型升级、建设"幸福龙江"为农村社会事业发展增添了新动能

随着全省经济社会转型发展和农村消费结构战略升级，农民群众对教育、医疗、养老、就业、文化等公共服务期盼更高，对农村生活环境和品质要求日益个性化、多元化。需要加快城乡融合发展步伐，推进城乡要素流动，整合城乡优质资源，靶向发力、定制服务，提供更具包容性、优质化的服务供给，不断提升农民群众的幸福感和满意度。对此，黑龙江省委、省政府出台了《坚持以人民为中心的发展思想加快建设幸福龙江的意见》，提出用心用情办好加快农村 5G 基站建设、实施农村公路建设三年行动、扩大老年人助残服务覆盖面等 20 件民生实事，在幼有所育、学有所教、劳有所得、病有所医、老有所养、住有所居、弱有所扶上实现质的跃升，使黑龙江百姓的获得感成色更足、幸福感更可持续、安全感更有保障，为推动农村社会事业发展添动能、注活力。

### （三）实施"百千万行动"、建设宜居宜业和美乡村对农村社会事业发展作出了新部署

2023 年，黑龙江创新实施了"百村精品、千村示范、万村创建"行动，在省级率先建设 100 个和美乡村精品村（场），市级重点建设 1 000 个和美乡村示范村（场），带动全省 9 826 个村（场）同步创建、一体提升。目前，已制定组织建设、特色产业、基础设施、人居环境等 7 方面 12 项省级政策清单，以及村庄规划、特色产业、基础设施、公共服务等 10 项精品村（场）建设标准，为全省和美乡村建设提供了政策支撑和技术要求。

# 五、促进农村社会事业发展的对策建议

下一步，要坚持以"百千万行动"为总牵引，以满足当代农民的现代化、多样化、多层次需求为导向，持续缩小城乡区域差距，因地制宜、按需施策，着力构建农村基础设施和公共服务精准化供给机制，拓展农村社会事业建设资金的供给渠道，建立复合多样的人才支撑，最终实现从"局部聚焦"到"全景关怀"、从"单层供给"到"多层多类"、从"一元主导"到"多元合作"，推动全省农村社会事业持续健康发展。

## （一）突出乡村建设规划引领

科学研判、深刻把握人口和村庄发展规律、趋势、特点及差异，按照乡村建设与发展的需要，区分轻重缓急，分类、分期、分阶段推进村庄规划有序实施。立足县域实际，从基础设施、公共服务、自然环境等方面，深入推进村庄规划编制，按照村民建房有保障、产业发展有空间、建设项目有安排、村庄风貌有管控、人居环境有提升等要求，进一步优化村庄生产、生活和生态空间，形成相对集中、节约集约、城乡融合的村庄发展格局。

## （二）补齐基础设施短板弱项

聚焦道路、饮水、能源、农房、信息基础设施等领域突出短板和薄弱环节，进一步推动提标扩面、强化运维管护，有效提升基础设施完备度。加快连接乡镇等主要经济节点的农村公路骨干路网建设，推动乡镇节点通三级及以上公路，加快粮食主产区普通国道、农村公路"进村入户"路网建设。推动构建以乡镇为单元的千人以上乡村集中供水体系，全面提升乡村地区自来水普及率和规模化供水工程覆盖乡村人口比例。探索建设多能互补的分布式低碳综合能源网络，完善农村电网网架结构，提升农村用能电气化水平。推广应用龙江民居建设示范图集，持续推进乡村房屋（自建房）安全隐患排查整治，继续实施农村低收入群体等重点对象危房改造和农房抗震改造。持续实施数字乡村发展行动，实施农村5G网络覆盖、光纤宽带网络覆盖、网络信息惠民等工程。

## （三）强化公共服务体系建设

聚焦教育、医疗、养老等公共服务重点和难点，建立健全农村公共服务县域统筹体制机制，推进优质公共服务资源普惠普及。建立政府主导的多元供给模式，发挥政府在推动农村公共服务体系建设中的主导作用，倡导企业、社会团体、农村居民共同参与，构建你中有我、我中有你的城乡公共服务供给共同体，实现农村公共服务共建共享。加强农村公共服务人才队伍建设，建立乡村人才培育体系，提升农村医疗服务人员的素养，加强农村基础教育师资队伍建设。

## （四）兜牢乡村社会保障网底

立足牢牢守住不发生规模性返贫底线，加快健全农村社会保障体系，强化农村基本民生保障。发展多层次、多支柱养老保险体系，建立健全城乡居民基础养老金正常调整机制，逐步提高农民养老保险待遇水平。深入实施医保全民参保行动，强化部门联动、推动精准施策、优化参保结构，进一步健全基本医疗保险长效参保机制。将符合条件的村卫生室纳入医保结算范围，推动实时结算，方便农民群众在家门口看病就医。以数字赋能提升农村低收入人口动态监测和救助帮扶的广度、精度，加强基本生活救助、专项救助和临时救助功能衔接，推进社会救助与社会保险、产业就业帮扶政策衔接，持续提高基本生活保障标准。建立完善农村社会保障职能部门间的协调联动机制，明确养老、医疗、社会救助等各类政策目标，进一步加大农村社会保障领域支出力度。

### （五）营造健康向上的文明乡风

强化思想引领，扎实开展"五史"宣传教育、"强国复兴有我"和"听党话、感党恩、跟党走"等活动，创新理论宣传方式方法，厚植农民爱党爱国爱社会主义的情感。建立完善约束管控机制，发挥"一约四会"作用，集中整治大操大办、薄养厚葬、铺张浪费等陈规陋习，培育文明乡风、良好家风、淳朴民风。持续开展"大地流彩——黑龙江乡村文化振兴在行动"，省级层面举办"村BA"、农民文化艺术节、四季"村晚"等主题活动，指导各地依托优势开展群众喜闻乐见的文体活动。深化文明实践，建好用好新时代文明实践中心（所、站）。用好"好听龙江——黑龙江农村社会事业宣传服务平台"，大力宣传典型案例和做法经验，示范引领全省农村精神文明建设。

### （六）优化资金人才要素供给

完善多元化投入机制，将农村社会事业作为一般公共预算优先保障领域，发挥政府财政资金杠杆作用，引导和撬动社会资本投向农村基础设施和公共服务领域，推出一批由政府和社会资本合作的乡村建设项目。充分发挥慈善组织、专业社会服务工作机构在提供公共服务方面的补充作用，促进志愿服务与政府服务优势互补、有机融合。打造人才全服务链条，加大对农村社会事业人才导向的系统性谋划和倾斜性扶持，鼓励更多教育、医疗、文化等各领域人才服务农村发展大局，在安居保障、福利待遇、技能培训、职称评定等领域精准发力，提升对紧缺人才的吸引力，有效提升农村社会事业人才队伍的素质结构和服务效能。

# 河南省农村社会事业发展报告

中共河南省委、省人民政府高度重视农村社会事业发展，紧抓乡村全面振兴和建设农业强省的战略机遇，锚定"两个确保"，在保障国家粮食安全的基础上，不断加大优质资源统筹力度，积极引导各种要素下乡入村，逐步补齐农村社会事业短板，着力构建优质均衡的农村公共服务体系，不断提升农民的获得感、幸福感、安全感，为实现河南省乡村全面振兴和共同富裕夯实基础。

## 一、农村社会事业发展的主要举措

### （一）加强顶层制度设计，构建社会事业发展政策体系

贯彻落实党中央、国务院"十四五"决策部署，河南省先后出台《"十四五"城乡社区服务体系建设规划》《河南省"十四五"公共服务和社会保障规划》《河南省"十四五"教育事业发展规划》等多个重要的规划性文件，在农村教育、医疗卫生、社会保障、人居环境、基础设施、文化体育、乡村治理等多个领域出台政策，健全了全省农村社会事业发展政策体系（表1）。

表1　河南省农村社会事业主要政策

| | |
|---|---|
| | 《"十四五"乡村振兴和农业农村现代化规划》（2021） |
| 总揽全局 | 《"十四五"城乡社区服务体系建设规划》（2022） |
| | 《"十四五"公共服务和社会保障规划》（2022） |

（续）

| | |
|---|---|
| 农村教育 | 《"十四五"教育事业发展规划》（2021）<br><br>《关于推进义务教育优质均衡发展的若干意见》（2022）<br><br>《乡村学校"绿色点亮生活，健康护佑生命"主题实践活动实施方案》（2023）<br><br>《乡村教师学历提升工程实施方案（试行）》（2023）<br><br>《关于遴选县域教师发展支持服务体系建设项目县的通知》（2023）<br><br>《2023 年"国培计划"中西部骨干项目规划方案》（2023） |
| 农村医疗<br>卫生 | 《医疗服务体系建设三年行动计划（2023—2025 年)》（2023）<br><br>《关于健全重特大疾病医疗保险和救助制度的实施意见》（2021）<br><br>《关于进一步推进医养结合发展的实施意见》（2023）<br><br>《关于进一步做好基本医疗保障工作的通知》（2023）<br><br>《乡村医疗卫生体系改革提升攻坚行动实施方案》（2023）<br><br>《关于加快推进紧密型县域医疗卫生共同体建设的指导意见》（2020）<br><br>《大学生村医订单定向免费培养工作实施方案》（2023）<br><br>《健康县健康乡村健康细胞等建设评估管理暂行办法》（2023） |
| 农村社会<br>保障 | 《关于推进基本养老服务体系建设的实施意见》（2023）<br><br>《关于做好基本养老保险巩固脱贫攻坚成果同乡村振兴有效衔接的通知》（2021）<br><br>《关于提高全省城乡居民基本养老保险基础养老金最低标准的通知》（2023）<br><br>《关于切实保障好困难群众基本生活的通知》（2022）<br><br>《关于进一步支持农民工就业创业的通知》（2023）<br><br>《关于开展 2023 年春节期间"春暖农民工"服务行动的通知》（2023） |
| 农村文化<br>体育 | 《文化产业赋能乡村振兴试点工作方案》（2023）<br><br>《关于实施文旅文创融合战略　推动文化产业高质量发展的若干政策措施》（2023）<br><br>《关于进一步促进文化和旅游消费若干政策措施的通知》（2023）<br><br>《传统村落保护发展规划导则（试行）》（2020） |

（续）

| 农村文化体育 | 《关于举办"设计河南·美丽乡村"创意设计大赛的通知》（2023）<br>《乡村康养旅游建设三年行动方案（2023—2025年）》（2023）<br>《关于开展乡村文化合作社"四季村晚"活动的通知》（2023）<br>《关于举办河南省和美乡村篮球大赛（村BA）的通知》（2023）<br>《乡镇（街道）综合性文化服务中心评估定级工作方案》（2023） |
|---|---|
| 农村人居环境 | 《乡村生态振兴五年行动计划（2021—2025年）》（2021）<br>《省级农村环境整治资金（农村生态环境保护方向）管理办法》（2023）<br>《农村生活垃圾分类省级示范试点创建实施方案》（2020）<br>《关于印发〈河南省农村改厕"提质年"工作方案〉的通知》（2023）<br>《农村生活污水治理规划（2021—2025年）》（2021）<br>《农村生活污水处理设施运行维护管理办法》（2021）<br>《农村生活污水治理推荐技术模式（2023年）》（2023） |
| 农村基础设施 | 《农村道路畅通工程 更好服务乡村振兴战略实施方案（2023—2025年）》（2023）<br>《2023年第三批农村公路养护项目投资计划的通知》（2023）<br>《农业水价综合改革三年攻坚行动方案（2023—2025年）》（2023）<br>《农村供水管理办法》（2023）<br>《"千村引领"乡村设计精品示范行动方案（2023—2027年）》（2023）<br>《2023年农村水电安全生产和生态流量复核工作方案》（2023）<br>《农村低收入群体等重点对象住房安全保障工作实施方案》（2023） |
| 乡村治理 | 《关于创建"五星"支部引领乡村治理的指导意见》（2022）<br>《关于建立健全村级"小微权力"清单制度的通知》（2021）<br>《关于进一步推进移风易俗建设文明乡风的实施意见》（2020）<br>《开展高价彩礼、大操大办农村移风易俗重点领域突出问题专项治理实施方案》（2022）<br>《新型农村集体经济发展导则》（2023）<br>《加强数字政府建设实施方案（2023—2025年）》（2023） |

## （二）加大资金投入力度，为社会事业发展提供经费保障

持续加大对农村社会事业发展的支持力度，农村教育、医疗卫生、文化、社会保障等领域财政投入呈持续增长态势。引导多元主体支持社会事业发展，鼓励通过发行政府债券、申请低息贷款、吸引社会资本投入等方式拓宽资金渠道，为地方政银和政企合作"牵线搭桥"，建立政银企协调沟通机制，指导帮扶各地利用好政府债券、政策性银行中长期贷款等融资工具，逐步形成财政优先保障、金融重点倾斜、社会积极参与的农村社会事业多元投入格局。

教育方面，2023 年省财政累计投入 175.64 亿元，支持全省义务教育优质均衡和城乡一体化发展，生均公用教育经费标准经过多次提标，达到城乡统一的小学 720 元、初中 940 元。安排资金 117 亿元，用于免除在校学生学费、补助学校公用经费；安排资金 19.36 亿元，为全省 1 480 万名义务教育学生免费提供教科书和正版学生字典；安排资金 13.14 亿元，用于对家庭经济困难学生发放生活补助；安排资金 26.01 亿元，支持农村公办学校持续巩固完善校舍安全保障长效机制。

卫生健康方面，农村卫生室基本运行费标准从 2021 年的 3 000 元/个提高至 2023 年的 4 500 元/个，共拨付 2.67 亿元，实现了全省 5.88 万个行政村卫生室基本运行经费保障全覆盖；重点支持中心乡镇卫生院提质升级，建设县域医疗卫生次中心，验收合格后省财政给予每所 500 万元奖励性补助；人均基本公共卫生服务经费补助标准从 2015 年的 40 元提高到 2023 年的 89 元，确保村卫生室有效运行。

社会保障方面，2023 年城乡居民基本养老保险基础养老金最低标准达到 123 元，全省城乡居民基本医疗保险人均财政补助标准不低于 640 元。全年发放农村低保金 75.70 亿元，共保障农村低保

对象 275.75 万人、农村特困人员 47.05 万人。2021—2023 年，政府累计为全省 264.7 万名困难群众代缴城乡居民养老保险费 2.55 亿元。

乡村建设重点工作推进方面，2023 年乡村振兴专项农村人居环境整治中央预算内投资共下达 2.6 亿元，重点支持 13 个项目县围绕农村生活垃圾、污水处理，因地制宜开展农村人居环境基础设施建设。国家开发银行河南分行和中国农业发展银行河南分行共审批通过涉及农村生活污水治理项目 23 个，项目建设总投资额约 115 亿元，授信金额 21 亿元。省财政为首批 40 个乡村康养旅游示范村拨付资金 3.2 亿元，以撬动更多社会资本参与示范村创建。省本级体育彩票公益金共安排支出 9.81 亿元，支持城乡群众体育、竞技体育和青少年体育项目。

### （三）推动城乡融合发展，促进城乡公共服务均等化

高水平谋划推进城乡融合发展，推动城市基础设施向镇村延伸，提高乡村公共服务便利度，积极探索补齐农村社会事业短板、实现共同富裕的有效路径。

持续优化教育资源布局。优化学校布局结构，重视乡镇中小学校建设，加快消除大班额，发展寄宿制。采取"名校＋薄弱校、乡村校、新建校"的方式，创新集团化办学模式。深化中小学教师"县管校聘"改革，推进义务教育学校校长教师交流轮岗，推动优质教育资源共享，促进县域教育均衡发展。通过实施河南省乡村教师学历提升工程等重要工程，支持乡村教师在职便捷"专升本"，引领带动广大乡村教师提升教书育人水平，缩小城乡教师水平差距。

积极推动优质医疗资源下沉。高质量推进紧密型县域医共体建设，加强县域医疗卫生人才的统筹配置和管理，通过县域医共体人员统一管理、乡村医生"乡聘村用"等方式，实现医共体内行政、

人事、财务、业务、药械、绩效、信息等统一管理和医保基金总额付费、结余留用、合理超支分担，推行县乡一体化、乡村一体化管理，建立健全城乡融合、共建共享共管机制。

加快补齐农村养老服务短板。充分发挥县级兜底和指导作用、乡镇枢纽和辐射作用、村级载体和依托作用，通过新建、配建、改建、移交、盘活等方式，推动279个乡镇敬老院转型为区域养老服务中心，向社会老年人开放。在全省所有县（市、区）建成以失能、部分失能特困人员照护为主的县级特困供养机构，有效解决农村失能老年人养老服务需求，建设县、乡、村三级衔接的农村养老服务设施网络。探索实施以服务为基础、医疗为保障、康复为支撑的"医疗机构＋医养服务中心＋医养服务站＋家庭"（"乡镇卫生院＋乡镇敬老院＋村卫生室＋日间照料中心"）的"全链条"医养结合养老服务模式，连续两年支持开展136个医养结合项目。大规模开展养老服务人才技能培训，打造"河南护工"品牌，创建21个省级养老服务人才培养基地。

强化农民工就业创业服务。高质量推进"人人持证、技能河南"建设，开展"春风行动暨就业援助月""春暖农民工"等服务活动，组织用工企业深入乡村进行招聘，为农村劳动力免费提供"即时快招"服务。实施"豫商豫才"返乡创业工程，支持以农民工、豫籍企业家、大学生、退役军人、专业技术人员为主体的各类人才返乡创业。推动"河南省农民工返乡创业投资基金"扩大投资覆盖面，加大对农村初创型小微企业的支持力度。

着力构建具有地方特色的乡村公共文化服务体系。"老家河南"新媒体矩阵上半年共发布6 889条原创视频，总传播量145.6亿次，"行走河南·读懂中国"品牌越来越亮，"天下黄河""华夏古都"等文化品牌影响日益扩大。因地制宜打造美丽田园、景观农业等新业态，做活特色乡村游，遴选两个批次391个乡村康养旅游示范村创建单位，先后打造45个全国乡村旅游重点村、866个省乡村旅游特色村、20 个省级森林康养基地。光山县、栾川县、修武县被文化和旅游部等评为文化产业赋能乡村振兴试点县。发挥全国"非遗助力乡村振兴"试点省优势，持续建设非遗工坊，推动非遗产业化赋能乡村振兴。

### （四）加强基础设施建设，全面改善公共服务条件

瞄准农村基本具备现代生活条件的目标，坚持把公共基础设施建设重点放在农村，组织实施好乡村建设行动，稳妥有序地实施农村道路畅通、乡村清洁能源、数字乡村、村级综合服务设施提升、农房质量安全提升、农村人居环境整治提升、农村防汛抗旱和供水保障等多项基础设施建设工程。

扎实有序推进农村公路建设，着力打造"四好农村路"高质量发展"河南样板"。实施乡村清洁能源建设工程，可再生能源发电装机达到 6 706 万千瓦。持续实施农村危房改造，全年农村危房改造和农房抗震改造共完成 1.8 万户。全省乡镇和行政村体育健身设施实现全覆盖，全民健身路径达到 6.59 万条，全省人均体育场地面积 2.59 平方米。

## 二、农村社会事业发展的主要成效

### （一）农村教育事业取得明显进步

通过深化一系列农村教育改革，河南省教育"乡村弱"和"城镇挤"问题得到有效缓解，县域教育均衡发展取得积极进展。一是乡村办学条件短板加快补齐。"十四五"以来，投入资金 34.62 亿元，改善 1 026 所学校办学条件，其中新建、改扩建校舍面积120.27 万平方米，购置设施设备 4.31 亿元，新增学位 6.92 万个。二是以强带弱帮扶关系进一步健全。集团化办学改革持续深化，遴选 12 个改革先行区、200 个省级优质教育集团，覆盖 7 110 所学

校，加快推进城乡学校共同体建设。2023 年，幼儿园领航共建"1235"工程深入开展，37 所领航幼儿园与 111 所共建幼儿园、薄弱幼儿园结成首批领航共建共同体。三是教师资源配置更加均衡。2023 年，通过"特岗计划""优师计划"等补充农村教师 1.7 万名；启动"乡村教师学历提升计划"，支持首批近千名乡村教师提升学历；实施"国培计划""省培计划"等项目，完成 22 万人次教师集中培训。建立 3 329 个乡村首席教师工作室，给予每个工作室专项经费资助，采取"1＋10＋100"的模式，即 1 名乡村首席教师协同指导 10 名乡村骨干教师，示范引领、辐射带动 100 名乡村教师的专业发展，初步建立了乡村教师专业发展支持服务体系。县管校聘改革实现全覆盖，实现骨干教师轮岗交流常态化，教师由"学校人"变为"系统人"，消除县域城乡中小学"有岗无人、人岗固化"顽疾，形成"因岗用人、人岗相适"良好态势。四是提升乡村学前教育水平。公办园、普惠园在园幼儿占比持续提高，城乡学前教育毛入园率达到 92.46％，高于全国平均水平 1.36 个百分点，普惠性幼儿园覆盖率达到 89.17％，提前完成国家设定的"十四五"普惠发展目标。乡村幼儿园园长培训全面开展，乡村幼教整体素质水平持续提升，2023 年，10 所县级及以下的幼儿园获评第 23 批省级示范性幼儿园。五是推动乡村职业教育发展。重点面向家庭农场主、农民合作社带头人和种养大户，"四类并进"统筹推进新型农业经营和服务主体带头人（农业经理人）能力提升、种养加销能手培训、农村创业创新者培养、乡村治理及社会事业发展带头人培育，2023 年培育高素质农民 10.1 万余人、建成新型职业农民培养基地 30 个。

## （二）农村医疗卫生服务水平大幅提高

### 1. 医疗卫生服务体系更加完善

一是实现了就医诊治便利化。全省 103 个县（市）建成 172 个紧密型县域医共体，实现了全省县（市）全覆盖；乡村医疗卫生机构布局更加均衡合理，全省共有基层医疗卫生机构 81 645 个，其中乡镇卫生院 1 998 个，村卫生室 59 447 个。农村医疗网络广泛覆盖，县域就诊率基本达到 90%，省域外转率下降到 5%。乡村家庭医生签约服务全覆盖，农民就医更加便捷，从"病人找医生"转变为"医生找病人"。二是实现了医保结算便捷化。扎实推进医保结算系统向乡村基层医疗机构延伸，大力推进医保经办"五级"全覆盖，不断提升医保"一站式"结算质量。2023 年以来，全省已实现 2 646 家乡级医疗机构、54 180 家村级医疗机构看病就医直接报销，乡村两级医疗机构为参保人员直接报销结算 1.2 亿余人次。

**2. 医疗卫生服务能力不断提升**

一是诊疗能力得到较大提升。全省所有乡镇卫生院服务能力达标，全省一半以上的乡镇卫生院实施"6S"管理，彩超、DR、全自动生化仪基本成为标配，将村卫生室基本运行经费补助标准提高到 6 000 元，基本改变了乡村医疗机构环境脏乱差、设备低档次的落后状况。推进"互联网＋医疗健康"，实现远程医疗卫生服务乡村全覆盖。143 个乡镇、446 个村入选省级健康乡镇和健康村庄试点名单，农民群众健康满意度得到提升。二是信息平台得到充分应用。国家医保信息平台在全省城乡全面顺利上线，线上缴费"一网通办"持续推进，不断提升参保缴费便利化水平。全省统一的农村低收入人口医疗费用监测平台作用更加凸显，建成以来已累计向民政部门推送高额医疗费用支出预警信息 172.19 万人次，向乡村振兴部门推送 66.15 万人次，有效落实相关帮扶举措。

**3. 医疗卫生人员总量和质量不断提升**

截至 2023 年底，全省卫生技术人员总数为 86.59 万人，其中卫生院卫生技术人员为 10.81 万人，占比为 12.48%。2023 年，遴选 100 名基层中青年学科带头人，培养全科医生 3 800 名，订单定向培养本科生 130 名，为县、乡两级医疗机构招聘 2 712 名医学生和 120 名特岗全科医生，招收规培学员 2 100 名。在乡镇卫生院增设护理类基层高级职称。启动实施村医队伍建设三项计划，公开招聘 500 名、订单定向培养 500 名大学生村医，校园培训 1 000 名在岗优秀村医。全省再培训 1 250 个家庭医生团队、15.5 万名基层卫生技术人员。

### （三）农村社会保障质量稳步提高

**1. 养老保障水平稳步提升**

一是养老保险制度持续增效。城乡居民基本养老保险参保人数不断增加，省内受益人群与范围持续扩大。截至 2023 年，全省城乡居民基本养老保险参保人数达 5 280.11 万人，城乡居民基本养老保险基金收入 360.51 亿元，支出 287.05 亿元，年末基金累计结存 920.01 亿元，养老保险基金收入大于支出，基本实现"累计有结余，长远有储备"。二是养老服务体系日臻完善。鼓励农村集体经济组织、村民委员会、社会力量充分利用农村校舍、老村室、农家院等闲置资源，建设农村幸福院、邻里互助点等村级养老服务设施，为老年人提供互助养老、日间照料、托养居住、配餐送餐等服务。支持各级积极探索农村养老模式，初步形成了焦作武陟县"幸福院众筹养老"、周口太康县"五养"、驻马店汝南县邻里"互助养老"、新乡凤泉区"时间银行"、信阳商城县"5＋4＋N"照料护理等特色村级养老服务模式。三是促进养老服务运营市场化。通过公建国营、公建民营、民建等方式，培养引进市场主体 2 000 余家，利用以大带小等方式延伸城乡社区和居家服务链条，居家社区服务网络更加完善，涌现出医养结合、"物业＋养老"、"家政＋养老"、"文旅＋养老"、智慧养老等多种养老模式，进一步激发农村养老服务市场活力。

**2. 医疗保障制度不断完善**

一是医疗保障能力不断增强。2023 年，全省城乡居民基本医疗保险参保人数达到 8 497.74 万人，大病、重病以及慢性病的诊疗及报销能力不断增强。全省城乡居民基本医疗保险基金收入 879.29 亿元，支出 841.76 亿元，年末基金累计结存 387.35 亿元、同比增长 10.7%。二是实现"三重保障"全覆盖。健全完善全省统一规范的医疗救助制度，将救助对象拓宽至低保边缘家庭成员、农村易返贫致贫人口，实现"基本医保、大病保险、医疗救助"三重保障制度向农村困难群众全覆盖。定额资助参保标准由原来的每人每年不低于 30 元提高至 80 元，确保农村低收入人口和脱贫人口参保率稳定在 99% 以上，坚决守住守牢不发生因病规模性返贫的底线，夯实医疗救助托底保障功能。

### 3. 社会救助力度持续加大

2023 年，省以上财政共下达困难群众救助补助资金 109.7 亿元、较上年增加 4.3 亿元。紧紧围绕困难群众的急难愁盼问题，精心构建便捷高效的立体式救助体系，17.8 万低保边缘家庭中的重病重残人员按"单人户"纳入低保，9.98 万低保对象享受"渐退期"。2023 年，全省共有农村低保对象 275.75 万人、比上年减少 14.95 万人，农村最低生活保障标准在当地现行标准基础上每人每月提高 20 元，达到月人均不低于 440 元，每年 5 280 元；财政补助水平提高 10 元，达到月人均不低于 220 元。农村特困人员基本生活标准相应提高，按不低于当地低保标准的 1.3 倍执行。全省所有县（市、区）均建有以失能半失能特困人员供养为主的县级特困供养机构，全省 1 859 所乡镇敬老院全部完成改造提升，建立养老服务补贴、护理补贴、老年人能力综合评估等制度，实现失能特困人员"应养尽养"。

加强农村残疾人帮扶，制定《河南省残疾人基本型辅助器具适配指导目录》，对农村困难残疾人、重度残疾人基本型辅助器具适配予以补贴。开展残疾人托养服务的各级各类机构共有 364 个，8 848 名残疾人通过寄宿制和日间照料服务机构接受托养服务，

4 680 名残疾人接受居家托养服务。60 岁以下参保的残疾人中，49.7 万重度残疾人和 4.6 万非重度残疾人得到参保缴费资助。

## （四）农村文化事业蒸蒸日上

### 1. 基层文化阵地建设硕果累累

重点推进基层综合性文化服务中心建设，累计建成新时代文明实践中心 157 个、乡镇文化站 2 497 个、村级文化中心 5 万多个，实现农村文化站（中心）、农家书屋、文体广场等文化阵地全覆盖。在全省具备条件的县（市）全面推进县级图书馆总分馆制建设，以县级馆为总馆，以乡镇为分馆，以村为基层服务点，在县域内构建资源共享、标准统一的服务格局。建成"文化豫约"公共文化服务配送平台，注册用户达到 300 多万，发布文化活动 4 万多场，在线累计观看人数达 5 000 多万人次，在手机端为乡村群众提供戏曲、文艺演出、活动预约等服务。全省注册乡村文化合作社 10 466 家，社员 11 万多人，乡村文化能人有了施展才能的新舞台。

发挥河南传统农耕文化优势，创新建设区域性、全景式的农耕文化主题博物馆——中原农耕文化博物馆，打造 144 家河南省乡村旅游特色村、50 家河南省休闲观光园区、48 家河南省特色生态旅游示范镇和 10 家河南省乡村旅游创客示范基地。将 1 032 个传统村落列入保护名录，其中 274 个列入国家级保护名录；97 个镇村被认定命名为历史文化名镇名村，其中 19 个被认定为国家级历史文化名镇名村。

### 2. 文化体育活动丰富多彩

一是文艺活动异彩纷呈。打造全省十大群众文化活动、"黄河之声"系列音乐会、中原文化大舞台、"戏曲进乡村""群星耀中原"等文化惠民品牌，举办广场舞、乡村才艺展示、太极拳等各类赛事活动近 3 万场，直接参与群众近 2 400 万人次，线上线下惠及群众近 8 000 万人次。全省创排 198 场"四季村晚"，其中 12 场入选全国"四季村晚"示范展示点。创演了《老家》《太行之子》《重渡沟》等一批农村题材的优秀文艺作品，以小戏小品等文艺形式唱响主旋律。二是体育活动日渐广泛。各地积极推进"村BA"、村超、村乒等农民体育活动，打造"体育赛事＋乡村旅游＋传统文化＋全民健身"多元融合发展的品牌活动。举办了全民健身大赛、"行走是吾乡"乡村健康跑和健步走、万村千乡农民篮球赛等多项品牌赛事活动，将河南省和美乡村篮球大赛（"村BA"）融入河南文化，同期举办特色农产品展、特色小吃展、传统文化展、非遗文化展以及庙会赶大集等，进一步丰富农民群众精神文化生活。

**3. 乡风文明建设深入推进**

一是精神文明创建卓有成效。截至2023年底，河南省共有408个国家级文明村、1 197个省级文明村、4 673个市级文明村、17 989个县级文明村，占比分别达到0.8%、2.5%、9.6%、38.4%。县级及以上的文明家庭户数达到23.4万户，同比增长17.1%，文明榜样作用更加凸显。二是移风易俗深入推进。全省所有村完成了村规民约的修订任务，89.3%的村（涉农社区）成立了村民议事会，76.6%的村建立了道德评议会，82.7%的村成立了禁毒禁赌会，91.6%的村成立了红白理事会。引导农民群众不断摒除铺张浪费、高额彩礼、厚葬薄养、大操大办等陈规陋习，自觉践行文明新风。三是乡风文明先进典型不断涌现。兰考县张庄村、陕州区郭家村、息县弯柳树村、商水县黄寨镇、民权县孙坡楼村等典型案例成功入选全国乡风文明建设典型案例，唐河县《带父出嫁》入选农业农村部第四届"县乡长说唱移风易俗"优秀节目，新县吴陈河镇陈洼村、桐柏县月河镇徐寨村入选中央文明办开展的文明村镇巡礼，充分展示了河南省农民群众积极向上的精神风貌。

## （五）农村人居环境治理取得明显成效

持续开展农村人居环境整治提升行动，以开展"六清"、治理

"六乱"为抓手，聚焦厕所革命、生活污水垃圾治理、村容村貌提升等重点任务，因地制宜，分类施策。共建设"美丽小镇"500多个、"四美乡村"1万多个，10个乡村入选2023年中国美丽休闲乡村，全省村庄环境明显改善，农村人居环境舒适度持续提升。

**1. 生活垃圾处理能力持续提升**

持续健全生活垃圾收运处置体系，不断完善农村生活垃圾收集、转运、处置设施和模式，初步建立了"扫干净、转运走、处理好、保持住"的运转机制，农村生活垃圾收运处置体系已覆盖所有行政村和97％的自然村，农村生活垃圾治理工作逐步走向科学化、标准化、常态化。将祥符区、栾川县等10个县（市、区）和郑州市中牟县官渡镇、巩义市涉村镇等50个乡镇列为农村生活垃圾分类和资源化利用示范县、示范乡镇，积极探索简便易行的分类处理模式，减少垃圾出村处理量。河南省县域农膜回收率为93.4％、秸秆综合利用率为93.1％，畜禽粪污综合利用率为92.5％。

**2. 生活污水治理率逐年提高**

持续做好集中式农村生活污水处理设施提质增效，积极推进农村黑臭水体治理，紧密结合"六清""六治"集中整治行动，以面积较大、群众反映强烈的水体为重点，实施"拉条挂账、逐一销号"，确保农村黑臭水体得到有效整治。积极推进周口、漯河、平顶山国家级农村黑臭水体治理试点，三地实现农村黑臭水体动态清零。编制中部六省区域标准《农村黑臭水体治理技术规范》，出台全国第一个农村黑臭水体治理领域标准。全省农村生活污水治理（管控）率由2018年的17.9％提升至41.7％，其中郑州、洛阳、济源等地达到60％以上。乡镇政府所在地村庄生活污水集中处理覆盖率达到72.6％，农村环境面貌得到明显改善。

**3. 厕所革命稳步推进**

按照"政府引导、群众自愿、因地制宜、分类推进"的原则，持续推广简单实用、成本适中、技术成熟、群众乐于接受的改厕模式，例如"小型污水处理站＋管网式厕所""格式处理＋双瓮漏斗式污水收集"等改厕模式，持续推进农村户用厕所建设标准化、管理规范化、运维市场化、监督社会化。全省80.8％的村（涉农社区）有公共厕所，68.8％的农户使用卫生厕所，同比分别增长4.0和4.7个百分点。

## （六）农村基础设施建设取得新成绩

**1. 推进乡村公路提档提质**

加快构建便捷高效的县域农村公路骨干网络，全省新改建农村公路9 263公里，大力推进农村客运班线公交化改造，建制村公交化运营占比达到58％。着力打造"四好农村路"、高质量发展"河南样板"，全省"四好农村路"国家级示范县23个，数量居全国第一方阵，省级示范县69个。

**2. 供水设施日臻完善**

全省农村集中供水率达94％，农村自来水普及率达92.5％、高出全国平均水平2.5个百分点。共建成农村集中供水工程2.1万处，受益人口达7 600万人，规模化供水工程覆盖农村人口比例达55.7％。94个县（市）开展农村供水"四化"建设，建成水厂60个，农村供水保证率进一步提升。

**3. 电力保障能力持续提升**

2023年，电网民生实事工程完成投资约20亿元，建成10千伏及以下电网项目3 504个，新改建改造配电变压器5 008台、10千伏及以下线路6 384千米，分别完成年度目标的100.2％、127.7％，农网电压合格率达99.84％，供电能力和服务水平持续提升，有效满足了农村持续增长的用电需求。

**4. 清洁能源建设得到加强**

乡村清洁能源建设工程深入推进，可再生能源发电装机达到6 706万千瓦。搭建农村能源革命示范引领的科创平台，积极探索可复制可推广的农村清洁能源高效利用模式；探索推进净零碳乡村建设，兰考、虞城、永城、商水四个农村能源革命试点县初见成效，兰考县成为全国农村能源革命典范点。

**5. 通信基础设施水平提高**

截至 2023 年底，全省 49.2％的村（涉农社区）常住农户接通了互联网，5G 通达率达到 90.5％。加强村级综合信息服务设施建设，全省行政村和社区综合性文化服务中心实现全覆盖。全省农村电商应用水平高于全国平均水平，89.8％的村有电子商务配送站点，农产品网络销售额达到 1 152 亿元。

**6. 农房建设品质得到提升**

持续加强农房质量安全管理，推动实现绿色建材、绿色建造、绿色建筑融通配套，提升农房建设品质。常态化开展农村房屋安全隐患排查整治，坚持"谁拥有谁负责、谁使用谁负责"的原则，明确产权人和使用人的房屋安全主体责任。持续实施农村危房改造，全年农村危房和农房抗震改造任务共 1.8 万户，其中危房改造任务 9 081 户、抗震改造任务 8 924 户，实际完成危房改造 9 882 户、抗震改造 9 663 户，均超额完成年度目标任务。

## （七）乡村治理水平显著提升

**1. 党组织引领乡村治理成效显著**

创成"五星"村党支部 1 110 个，"三星"及以上党支部占比达 55.49％。以"二星""一星"党支部所在村和软弱涣散村为重点，对 26.1 万余名村"两委"干部逐一"过筛子"，调整不胜任不称职村"两委"干部 1 472 人，其中村党支部书记 277 人。持续优化村干部队伍结构，村党支部书记大专及以上学历占比达到 27.0％，同比增长 3.1％。

**2. 平安乡村建设扎实有效**

全面开展"零上访零案件零事故"村（社区）创建活动，推进农村"雪亮工程"深度应用。常态化排查化解矛盾纠纷，全省 5.2 万个村（社区）、93.3 万家企事业单位积极参与"三零"平安创建。典型引领作用进一步增强，林州市"以巡促治"模式成功入选全国第五批乡村治理典型案例。2023 年全省共有 6 个乡镇入选国家级乡村治理示范乡镇、60 个村入选国家级乡村治理示范村。

### 3. 乡村治理方式日益多样

全省 98% 的村制定了村民自治章程，100% 的村修订完善了村规民约。66.7% 的村（涉农社区）建有智慧综合管理服务平台、98.0% 的村建有村服务站，同比分别增长 10.1%、4.8%。县级及以上民主法治示范村占比达到 25.3%，同比增长 8.5%；88.9% 的村（涉农社区）拥有公共法律服务工作室，同比增长 12.4%。探索建立"互联网＋网格管理"服务模式，推广"最多跑一次""不见面审批"等改革模式。全国农村改革试验区——新乡市顺利通过"数字乡村治理建设机制"试验任务验收，长垣市构建"一村九园"数字化应用系统，乡村治理数字化、精细化水平不断提升。

## 三、农村社会事业发展存在的主要问题

### （一）基础设施建设布局不够均衡

受农村社会持续变迁、村庄不断分化、人口持续转移等因素的影响，区域乡村产业发展、村庄分类布局、生态环境保护和实用性乡村建设等规划存在一定缺陷，突出表现在前瞻性不够导致公共服务布局不够均衡，基础设施建设存在一定程度的资源配置错位、使用效率不高等问题。

### （二）社会保障能力有待提升

保障能力仍然相对较弱，部分地区农村居民养老金发挥作用不充分、基本医疗报销比例不高，一些经济欠发达地区的农村低保标

准偏低。保障资金方面还存在来源单一，地方财政支撑能力较弱，农村集体经济不强，社会组织、互助机构、慈善机构等社会力量参与不够等问题。

### （三）文化体育仍需提质增效

总体看，乡村两级的文化体育服务设施仍然存在功能不够完善、总体利用率不高、建管用脱节等问题。用于发展农村文化体育事业的资金有限，公共文化队伍配备不足、专业化水平不高。统筹乡村文化产业事业发展不够，具有较强感染力、生命力的公共文化产品还不多，个别地方在"农文旅"融合发展中缺乏独特的地方特色和文化内涵，后续发展动力不足。

## 四、推动农村社会事业高质量发展的对策建议

下一步，河南省推动农村社会事业高质量发展，应围绕提升农村居民生活质量和社会福祉目标，立足省情农情，统筹考虑全省农村发展趋势、结构演变、人口流动等因素，聚焦教育、医疗、养老等民生重点，进一步加强规划引领、完善政策体系、加强队伍建设，为建设农业强省奠定坚实基础。

### （一）坚持规划引领，做到设计先行

按照"城乡融合、全域一体"理念，充分发挥农村基层组织和乡村居民的主体作用，以自然禀赋为基础、产业布局为纽带、乡村居民需求为根本、村庄为基础单元、"片区化"建设为理念，推进公共基础设施和服务设施规划与村庄建设、产业发展、生态涵养等规划多规合一，优化三生（生产、生活、生态）空间格局。要做好各类农村基础设施和公共服务工程的设计，确保工程的安全性、经济性、适用性、创新性和生态化，促进区域均衡发展。

## （二）完善社会保障政策，切实保障农民权益

深化养老保障和医疗保障制度改革，不断强化农村社会保障制度建设，进一步增加社会保障政策的层次性、可及性和协调性。通过加大财政补贴力度、规范子女赡养义务、鼓励社会捐赠等措施，拓展农村养老服务多元投入渠道，逐步提高村级养老服务水平。持续推进紧密型县域医共体建设，加强县域内医疗卫生资源的统一管理和调配，推动医保政策与医共体建设的协同，方便农民群众就近就便获取优质医疗服务。大力发展农村集体经济，增加村集体收入，引导村集体按照规定提取公积金公益金发展村级社会事业，为提高农民的养老保障、医疗保障等创造条件。做好对农村低收入群体防止返贫致贫的监测帮扶，及时提供多种社会救助，牢牢守住不发生规模性返贫的底线。

## （三）聚焦农村公共服务薄弱环节，提升服务质量

进一步加强农村教师队伍建设，实施农村教师岗位专项计划，提高农村教师的工资及福利待遇水平，改善教师住房等生活条件，形成"越往基层、待遇越高"的激励机制，吸引优秀教师到农村任教。加快补齐农村养老服务短板，探索构建以居家为基础、社区为依托、机构为补充的多元化农村养老服务体系。加大农村养老服务人才培养和引进力度，鼓励和支持社会力量参与农村养老服务，满足不同老年人的养老需求。强化医疗卫生与养老服务衔接融合，加快推进县域乡镇医养中心建设，推广"全链式"医养结合模式。

## （四）发展农村文化体育事业，丰富农民精神生活

统筹推进乡村公共文化服务阵地建设，加强对农村健身场地设施的建设管护，积极拓展乡镇综合文化站和村级综合性文化服务中心功能，鼓励具备条件的农村地区建设村史馆、非遗展示馆等公共

文化设施。持续提升公共文化服务效能，继续深化中原文化大舞台等文化惠民品牌，推进乡村文化合作社建设，进一步增加活动场次、丰富活动内容、拓展活动载体、提升活动内涵。以县域各级文化馆（站）为依托，探索农村文化振兴新模式。推动农文体旅一体发展，打造多种消费场景，推动特色文体活动与乡村特色文化产业、乡村旅游等深度融合。

# 贵州省农村社会事业发展报告

2023 年，贵州省认真贯彻落实党中央决策部署，以"富""学""乐""美"为目标，着力补齐农村社会事业短板，大力推动农村社会事业发展，为推进乡村振兴、农业农村现代化提供重要支撑。

## 一、农村社会事业发展的主要举措

围绕促进农村社会事业全面发展，聚焦"四在农家·和美乡村"建设出台《贵州省乡村建设行动实施方案（2023—2025 年)》等一系列政策文件（表 1），多措并举，加快建设宜居宜业和美乡村。

表 1　贵州省农村社会事业主要配套政策

| 纲领性文件 | 乡村振兴 | 《关于做好 2023 年全面推进乡村振兴重点工作的实施意见》 |
| --- | --- | --- |
| | | 《乡村振兴促进条例》 |
| | | 《关于全面推进乡村振兴加快农业农村现代化的实施意见》 |
| | | 《乡村建设行动实施方案（2023—2025 年)》 |
| 富在农家 | 就业创业 | 《关于促进高质量充分就业的意见》 |
| | | 《关于推动职业技能培训高质量发展的意见》 |
| | | 《乡村公益性岗位开发管理办法》 |

（续）

| 学在农家 | 提升教育质量 | 《关于进一步提升农村义务教育学生营养改善计划实施水平的通知》 |
| --- | --- | --- |
| | | 《关于深化教育教学改革全面提高义务教育质量的实施意见》 |
| | 人才培育 | 《关于下达2023年中央财政农业经营主体能力提升（高素质农民培育、农村实用人才培训、乡村振兴带头人头雁培育）资金的通知》 |
| | | 《关于推动职业技能培训高质量发展的意见》 |
| 乐在农家 | 文化体育 | 《长征文物和文化资源保护传承专项规划》 |
| | | 《"十四五"体育发展规划》 |
| | 乡村治埋 | 《法治乡村建设实施意见》 |
| | | 《关于进一步推进移风易俗建设文明乡风的实施方案》 |
| | 医疗卫生 | 《关于进一步深化改革促进全省乡村医疗卫生体系健康发展的实施意见》 |
| | | 《关于深入推进全省紧密型县域医疗卫生共同体建设的实施意见》 |
| | 社会保障 | 《2023年城乡低保标准和孤儿基本生活最低养育标准提标方案》 |
| | | 《加大对农村残疾人就业帮扶工作力度的若干措施》 |
| | | 《推进基本养老服务体系建设实施方案》 |
| | | 《关于开展特殊困难老年人探访关爱服务的实施方案》 |
| 美在农家 | 人居环境整治 | 《推进"十四五"农村厕所革命实施方案》 |
| | | 《农村"厕所革命"工作考核办法》 |
| | | 《农村"厕所革命"财政奖补资金管理暂行办法》 |
| | | 《生活垃圾治理攻坚行动方案》 |
| | | 《农村生活污水处理水污染物排放标准》 |
| | | 《农村生活污水治理三年行动计划（2021—2023年）》 |

（续）

| 美在农家 | 人居环境整治 | 《"十四五"土壤、地下水和农村生态环境保护规划》 |
| --- | --- | --- |
| | | 《农村生活污水处理设施建设与运行维护技术指南（试行）》 |
| | | 《农村生活污水资源化利用技术手册（试行）》 |
| | | 《传统村落高质量发展五年行动计划（2021—2025年)》 |
| | | 《进一步加强"四在农家·美丽乡村"规划建设专项实施方案》 |
| | | 《水网建设三年攻坚行动方案（2023—2025年)》 |
| | 基础设施建设 | 《农村住房抗震排查技术导则》 |
| | | 《关于加快推进"四好农村路"高质量发展服务乡村振兴的实施意见》 |
| | | 《新型基础设施建设三年行动方案（2022—2024年)》 |

## （一）围绕"富在农家"，增强农民群众自我发展能力

贵州省在推进农村社会事业发展的过程中，始终将提高农村居民的生活水平、增进农民幸福感放在首位。通过大力支持发展乡村特色产业，营造良好的农村就业新环境，不断拓宽农民群众增收渠道，促进农民生活质量稳步提升。

大力发展乡村产业。一是坚持做好"土特产"文章。2023年中共贵州省委、省人民政府印发《关于做好2023年全面推进乡村振兴重点工作的实施意见》，明确指出要巩固提升农业特色优势产业，聚焦品种、品质、品牌，推进农产品标准化、规模化、绿色化、市场化，进一步做强茶叶、辣椒、刺梨、蔬菜、中药材等12个农业特色优势产业。二是促进区域公共品牌建设。通过举办茶博会、辣博会等活动，发布都匀毛尖、兴仁薏仁米、遵义朝天椒等十强农产品区域公用品牌，不断扩大"贵字号"农产品品牌影响力。三是畅通农产品销售渠道。深入实施"互联网＋"农产品出村进城电商工程和"数商兴农"行动，持续优化物流体系，打破农产品流动壁垒。

提升山区农民群众就业服务质量。一是全力营造省内就业的良好环境。2023年，贵州省人民政府先后出台《关于促进高质量充分就业的意见》等文件，精心构建就业服务网络，逐步完善"公共服务机构＋人力资源机构＋劳务机构"的工作体系，推动建设黔西南州、毕节市两个全国公共就业服务能力提升示范项目、零工市场（驿站）和村级就业公共服务站试点。积极开展"2023年春风行动暨就业援助月"专项服务活动，集中帮扶农村劳动力、就业困难人员等群体就业创业。二是积极构建省外就业的协作平台。印发《2023年劳务协作工作要点》和《贵州省劳务协作站体系化建设工作方案》，不断深化东西部劳务协作。在广东、浙江、福建等黔籍外出务工人员分布较集中省份，建立劳务协作"省级总站＋市级分站＋县级工作站"服务保障体系，明确各级职责分工，全方位保障农村劳动力稳岗就业。

## （二）围绕"学在农家"，夯实乡村振兴人才支撑

高度重视农村人才培育，坚持把优先发展教育事业摆在首要位置，不断提升乡村教育水平，因地制宜培养农村技能人才，促进乡村人才资源流动，有序引导人才下乡。

全方位保障农村义务教育。一是提高农村教学质量。统筹实施教师"县管校聘"改革、"特岗计划""百校联百县兴千村"行动，完善农村教师队伍补充机制。二是关注农村受教育困难群体。免除具有正式学籍的普通高中原农村建档立卡等家庭经济困难学生学杂费，资助中职校就读的经济困难学生和原集中连片特困县的农村学生，落实适龄青少年儿童接受义务教育的权利。三是积极推进农村学生营养餐计划。贵州省人民政府办公厅印发《关于进一步提升农村义务教育学生营养改善计划实施水平的通知》，持续推进"提质行动"，帮助农村儿童和青少年健康成长。

多举措强化农村人才教育培训。一是贵州省人民政府办公厅印

发《关于推动职业技能培训高质量发展的意见》，提出实施"贵州技工""黔菜师傅""黔灵家政"等培训工程，支持脱贫劳动力、搬迁劳动力、农村妇女结合自身实际积极参与相关培训，提升职业技能。二是深入实施乡村工匠培育工程。依据省人民政府印发的《关于推动职业技能培训高质量发展的意见》，围绕"引、育、用、留"四个环节，深入实施乡村工匠培育工程，挖掘乡村工匠资源，夯实乡村工匠队伍，塑造乡村工匠品牌，健全人才培养孵化机制，培养造就技术强、带动力强、留得住的农村人才。三是深化劳务协作引导人才入乡。省农业农村厅积极开展农村实用人才培训，实施乡村产业振兴带头人培育"头雁"项目和高素质农民培训等工作。深化劳务协作，拓展就近就地就业，用好返乡回流脱贫劳动力跟踪服务机制，有序引导各类人才入乡，组织引导教育、卫生、科技等领域人才到基层一线服务。四是积极发展面向"三农"的高等教育和职业教育。省内各职业院校重点围绕乡村振兴战略、烟酒茶等"五张名片"、12个重点农业产业，进一步扩大专业布点，加快培养特色农业、特色茶等32个重点产业人才。

## （三）围绕"乐在农家"，推动农村民生事业不断发展

以"乐在农家"为主旨，繁荣发展乡村文化体育，加强和改进乡村治理，促进农村社保、医疗等民生事业发展，持续提升农民群众幸福感、获得感。

大力弘扬乡村文化。一是加强农村文化设施建设。实施文化产业助力乡村振兴计划，加快推进乡村文化设施建设工作，进一步完善提升文化礼堂、综合文化站（中心）、文化广场、乡村戏台、非遗传承体验中心（所、点）等公共文化设施。二是结合民俗节日等广泛开展群众性文化活动。根据农民需要，推动舞龙赏花，花灯展演、民族文化节等群众性文体活动和节日民俗活动有序健康开展。

大力发展农村体育事业。一是夯实农村全民健身场地设施基

础。围绕乡村振兴战略实施和新型城镇化建设，聚焦农村群众就近健身需要，开展"农体工程"器材补充、维护、更新工作，新建或提升改造一批县乡老年体育活动中心，推进和完善"15分钟健身圈"设施建设，积极促进城乡全民健身公共服务资源均衡布局。二是广泛举办农民体育活动。依托中国农民丰收节和民俗节日等，培育扶持推广具有贵州特色的民族民间体育项目及民俗传统体育项目，鼓励各地培育全民健身赛事活动品牌。

持续加强和改进乡村治理。一是创新务实管用的治理方式。结合贵州农村实际，积极推广运用积分制、清单制，并持续推广数字化、网格化、村民说事、接诉即办等方式，提升乡村治理效能。二是推动乡风文明建设。省委农村工作领导小组办公室等十一部门出台了《关于进一步推进移风易俗建设文明乡风的实施方案》，深入实施"推进移风易俗·树立文明乡风"专项行动，加强基层组织引领，发挥村规民约、红白理事会等作用，开展高额彩礼、大操大办等重点领域突出问题专项治理，推进农村丧葬习俗改革。

加强乡村医疗卫生服务。一是加强乡村医疗卫生体系建设。省委办公厅印发《关于进一步深化改革促进全省乡村医疗卫生体系健康发展的实施意见》，从优化配置县域内医疗卫生资源、发展壮大乡村医疗卫生人才队伍、改革完善乡村医疗卫生体系运行机制、提升农村地区医疗保障水平等六方面，推动全省乡村医疗卫生体系健康发展。二是发展智能化、数字化诊疗。加大对基层医疗投入，通过配置智能一体化诊疗设备、建立全省统一的村级卫生室业务管理系统、探索远程医疗延伸到村等，推进实现村级医疗卫生服务便捷化、智能化。

提升农村社会保障水平。一是进一步提高农村低保保障水平。省民政厅、财政厅和乡村振兴局印发《贵州省2023年城乡低保标准和孤儿基本生活最低养育标准提标方案》，进一步提高农村困难群众基本生活保障水平。二是帮助农村残疾人就业增收。全面落实农村残疾人各项社会保障政策措施，省残联、人力资源和社会保障厅等8部门联合印发《贵州省加大对农村残疾人就业帮扶工作力度的若干措施》，通过加大生产劳动帮扶力度、精准实施实用技术技能培训、培育壮大产业带动就业、强化公益性岗位安置就业等22项措施帮助农村残疾人就业增收。三是推进多元化养老服务体系建设。省人民政府印发《贵州省推进基本养老服务体系建设实施方案》，明确提出利用现有闲置集体房产等设施，开展农村互助养老。不断加强养老基础设施建设，完善养老服务供给，逐步构建居家、社区、机构相衔接，医养康养相结合的多元养老服务体系。

### （四）围绕"美在农家"，不断深化农村人居环境整治

深入实施农村厕所革命。省农业农村厅等8部门印发《贵州省推进"十四五"农村厕所革命实施方案》等政策文件，坚持"宜水则水、宜旱则旱、经济适用、长期管用、群众愿用"的原则，持续推行"首厕过关"带动每厕过关。引导农户结合新建房屋自主改厕，推广政府定标准、农民自主改厕、验收合格进行奖补的建设模式。

全面推进生活垃圾治理。按照《贵州省农村生活垃圾治理技术导则》规范，合理配置农村生活垃圾收集站点，推进垃圾源头减量资源化利用及非正规垃圾堆放点监管，并探索偏远地区小型无害化处理设施建设。开展农村生活垃圾"大清运"专项行动，督促各地合理优化垃圾收运频次，持续完善"户分类、村收集、镇转运、县处理"的城乡一体化生活垃圾处理体系。

持续开展农村污水治理。按照"问题导向、规划先行、因地制宜、梯次推进"的思路，重点聚焦赤水河流域、乌江流域等水环境敏感区域，围绕饮用水源保护区、黑臭水体集中区域等，有序开展农村生活污水治理。加强与农村改厕相衔接，因地制宜采取纳管处理、集中处理、分散治理、资源化利用等模式，以村民自用、生态

消纳、农田灌溉等为主要途径，在全省 9 个市（州）11 个村开展试点，积极探索推进适合农村实际的生活污水资源化利用模式。

有序推动村容村貌整治。省自然资源厅等 6 部门印发《进一步加强"四在农家·美丽乡村"规划建设专项实施方案》等文件，指导各地有序推进"多规合一"实用性村庄规划编制，不断加强村庄建设的科学性、协调性。按照"县级主体、乡镇主责、村级主抓"的工作思路，大力整治农村"房屋乱建、柴草乱放、粪土乱堆、垃圾乱倒、畜禽乱跑、污水乱排、秸秆乱烧、车辆乱停"等问题，有序推进全省村容村貌整治工作。

逐步完善农村基础设施。因地制宜完善农村供水工程网络，积极推进城乡供水一体化、农村供水规模化建设。通过"库库连通"、省州水网衔接等措施，保证供水源稳定，提高农村供水保障水平。积极开展农村电网升级改造，推动贵州清洁能源发展，强化农村地区能源保障。全力打通乡村出行的"最后一公里"，建好、管好、护好、运营好农村公路，在西部地区率先实现高速公路"县县通"，农村公路硬化"村村通、组组通"。统筹推动城市乡村通信网络协同发展，推进农村"双千兆"行动计划和电信普遍服务项目，推动通信网络建设向农村更深处、更偏远处延伸。不断加强农房建设管理，持续推进农村低收入群体等重点对象危房改造和地震高烈度设防地区农房抗震改造。按照"功能优化、风貌靓化、环境美化"工作目标，在清镇市麦格乡观游村等 41 个自然村寨实施宜居农房建设试点，不断完善农房功能配套和环境治理，逐步提升农村住房品质。

## 二、农村社会事业发展的主要成效

### （一）富在农家——农民生活水平显著改善

乡村产业持续发展。2023 年，贵州粮食总产量达 1 119.7 万吨，连续四年保持增长态势。全省第一产业增加值达 2 894.28 亿元，同比增长 3.9%，农产品加工转化率达 62.3%，农产品质量抽检合格率达 99.7%。农业特色优势产业产值增长 5%，产量连年增长。

全省建成美丽农村路经济示范走廊超 5 000 公里，在 81 个县区、515 个乡镇、1 670 个村形成农特产业、茶旅慢游、生态康养等 54 个优势突出的产业经济带，乡村产业全面发展（表2）。

表2  2019—2023 年贵州省农业特色产业产量

单位：万吨

| 年份 | 2019 | 2020 | 2021 | 2022 | 2023 |
|---|---|---|---|---|---|
| 茶叶产量 | 19.78 | 21.10 | 24.59 | 26.62 | 28.75 |
| 药材产量 | 68.31 | 91.21 | 117.47 | 125.03 | 133.74 |
| 烟叶产量 | 23.53 | 22.52 | 23.25 | 22.63 | 23.82 |

数据来源：贵州省统计局。

在乡村产业带动下，2023 年第一产业就业人数相较于 2022 年有所下降（表3），近几年农村人口流动及就业趋于稳定均衡。

表3  2019—2023 年贵州省乡村就业情况

单位：万人

| 年份 | 2019 | 2020 | 2021 | 2022 | 2023 |
|---|---|---|---|---|---|
| 第一产业就业人数 | 700.45 | 634.00 | 618.00 | 693.00 | 649.00 |
| 乡村就业总人数 | 978.10 | 915.00 | 891.00 | 897.00 | 879.00 |

数据来源：贵州省统计局。

农村稳岗就业工作持续推进。将就业服务延伸至村，在全省 5 063 个村建设村级就业服务站，打通了就业服务"最后一公里"。截至 2023 年底，全省已建零工市场（驿站）841 个，实现县（区）级零工市场全覆盖，累计服务 43.86 万人次、收集发布零工岗位 45 万个、促进零工就业 7.77 万人次。同时，依托东西部劳务协作机制，全面推进劳务协作站（点）体系化建设，在广东、福建、浙江、江苏等劳务输出目的地省份搭建外出务工人员跨省公共服务平台，开通外出务工农村劳动力服务专线。截至2023 年底，广东、浙江等劳务协作站掌握当地黔籍农村劳动力信息 96.71 万条，动态收集有效岗位信息 18.6 万个，服务 5 803 家黔籍务工人员较为集中企业，帮助解决用工 2.5 万人；"12333"热线为外出务工农村劳动力处理维权、求职、政策咨询等事项7 865 件。

## （二）学在农家——农村人才资源渐趋丰沛

农村义务教育体系进一步强化。2023 年，新建农村幼儿园集团化管理资源中心 100 个，完善乡镇标准化寄宿制学校 313 所，修缮乡村小规模学校等乡村学校 161 所，遴选出 694 所学校作为第三批公办强校计划培育学校。2023 年全省共招聘特岗教师 5 570 人，重点补充符合条件的易地扶贫搬迁安置点配套学校紧缺薄弱学科教师。

深入推进学生营养餐计划，2023 年，向农村幼儿园在园儿童每生每天提供 3 元的营养膳食补助，标准为 600 元/（生·年）；向接受义务教育的农村学生每生每天提供 5 元的营养膳食补助，标准为 1 000 元/（生·年）。全年共投入农村学前教育儿童营养膳食补助资金 5.44 亿元，惠及农村学前儿童 89.44 万人；投入农村义务教育学生营养膳食补助资金 38.78 亿元，惠及农村学生 392.03万人。

农村人才培养力度持续提升。2023 年，全省共认定乡村工匠3 326 名，乡村工匠领办创办企业、工作室等 1 701 家，带动脱贫劳动力就业 11.8 万人；遴选的 279 名省级乡村工匠名师共领办创办企业、工作室等 300 余家，年销售额达 19 亿元，带动脱贫劳动力就业 3.86 万人。全省共培育"头雁" 1 104 人，培训农村实用人才带头人 801 人、高素质农民 17 957 人、"三农"干部 1 000 余人次。

农村优质人才资源有效补充。实施"大学生乡村医生"专项计划、农村订单定向医学生免费培养项目，2023 年分别招生 1 009 人、191 人，有效补充乡村医疗人才。深入实施乡村产业振兴带头人培育"头雁"项目，招收新型农业经营主体带头人 780 人，开展为期一年的定制化、体验式、孵化型培育。逐步挖掘新时代乡村女性力量，2023 年由省妇联组织评出 27 个"贵州省乡村振兴巾帼基地"。截至 2023 年底，全省累计引导农村劳动力返乡就业创业 21.6 万人，为 9 738 名农民工发放一次性创业补贴 4 868 万元，为 15 247 名农民工发放创业场所租赁补贴 11 734.93 万元，为 5 808 名返乡农民工发放创业担保贷款 10.17 亿元。

## （三）乐在农家——农村精神风貌逐步提升

农村文化事业繁荣发展。截至 2023 年底，全省共建设乡镇（街道）文化站 1 603 个，为 7 490 个贫困村配置文化设施，882 个易地扶贫搬迁安置区管理单元实现综合性文化服务中心全覆盖，农村文化设施建设取得显著成效。全省共有 757 个村落列入中国传统村落，44 个村镇列入中国和省级历史文化名村镇，1 640 个村落列入中国和省级少数民族特色村寨，1 256 个村镇列入全国和省级文明村镇，559 个村镇列入全国和省级乡村旅游重点村镇。

农村体育事业欣欣向荣。乡村体育场馆数量和面积逐年增加（表 4），乡村体育设施建设成果显著。积极打造特色体育赛事活动，2023 年，"村 BA"举办地台江县接待观众 289.14 万人次，同比增长 74.87%，实现旅游综合收入 33.33 亿元，同比增长 94.66%；"村超"举办地榕江县接待观众 760.85 万人次，同比增长 52.16%，实现旅游综合收入 83.89 亿元，同比增长 73.94%。

表 4　2018—2023 年贵州省乡村体育事业发展情况

| 年份 | 2018 | 2019 | 2020 | 2021 | 2022 | 2023 |
|---|---|---|---|---|---|---|
| 乡村体育场数量（个） | 39 497 | 44 750 | 45 921 | 48 518 | 50 353 | 54 218 |
| 乡村体育场面积（万平方米） | 2 078.3 | 2 155.67 | 2 384.83 | 2 925.51 | 3 288.72 | 3 418.47 |
| 乡镇体育健身工程（个） | 80 | 83 | 1 269 | 1 269 | 1 269 | 1 269 |
| 村级农民体育健身工程（个） | 773 | 835 | 15 168 | 15 168 | 15 168 | 15 168 |

乡村治理能力不断提升。坚持党建引领，推动网格化管理、数字化治理，80％的村实现网格化管理，乡村治理能力持续加强。2023 年，全省人民调解组织共排查纠纷 39.25 万件，同比增长 68.27％，调解纠纷首次突破 30 万件，同比增长 47.03％。贵阳市开阳县禾丰布依族苗族乡等 3 个乡镇和贵阳市乌当区新堡布依族乡王岗村等 30 个村入选第三批全国乡村治理示范村镇。

乡村医疗服务能力持续提高。乡村医疗卫生体系逐步完善，实现医疗卫生服务全覆盖（表 5）。截至 2023 年底，贵州省 100 个县域医疗次中心已全部建设完成，减轻群众医疗负担 3.2 亿元，辐射带动周边一般乡镇卫生院 389 个。进一步充实村医队伍，在习水、贞丰、凤冈、荔波、播州、惠水等县（区）统筹 250 余名编制村医入职村卫生室。启动"大学生乡村医生专项计划"，提供 1 000 多个村卫生室工作岗位，面向社会招募医学类大学生。

表 5　2020—2023 年贵州省农村医疗卫生事业发展情况

| 年份 | 2020 | 2021 | 2022 | 2023 |
|---|---|---|---|---|
| 农村乡镇卫生院数量（个） | 1 330 | 1 331 | 1 320 | 1 313 |
| 农村乡镇卫生院床位数（张） | 44 600 | 45 749 | 47 137 | 38 688 |
| 农村乡镇卫生院人员数（人） | 54 388 | 54 906 | 55 957 | 60 955 |
| 每千农业人口乡镇卫生院人员数（人） | 3.01 | 3.12 | 3.21 | 3.58 |

（续）

| 年份 | 2020 | 2021 | 2022 | 2023 |
|---|---|---|---|---|
| 村卫生室数量（个） | 20 162 | 20 105 | 19 739 | 19 643 |
| 村卫生室覆盖率（%） | 100 | 100 | 100 | 100 |
| 开展城乡居民基本医疗保险的村数（个） | 13 195 | 13 216 | 13 675 | 13 695 |
| 开展城乡居民基本医疗保险的村覆盖率（%） | 100 | 100 | 100 | 100 |
| 乡村医生和卫生员数（个） | 31 131 | 24 653 | 24 160 | 23 263 |
| 每千农业人口乡村医生和村卫生员数（人） | 1.73 | 1.40 | 1.39 | 1.37 |
| 乡村医生占比（%） | 83.5 | 96.8 | 97.1 | 97.7 |

数据来源：贵州省卫生健康委。

农村社会救助能力持续增强。农村居民最低生活保障平均标准、农村特困人员供养人数逐年提升（表6）。2023年，全省农村低保平均标准提高到6 086元/年，比上年增长7%。在实践过程中，将农村社会保障划分为两个档次：第一档包括六盘水市各区（市、特区）、麻江县，其余各市（州）的县级市（区）、市（州）府所在地周边经济开发区，保障标准为6 120元/年；其余县为第二档，保障标准为6 072元/年。

表6　2019—2023年贵州省农村社会保障情况

| 年份 | 2019 | 2020 | 2021 | 2022 | 2023 |
|---|---|---|---|---|---|
| 农村居民最低生活保障平均标准（元） | 4 410.5 | 4 620.3 | 4 678.9 | 5 685.7 | 6 086.0 |
| 农村特困人员供养人数（万人） | 8.3 | 8.9 | 9.5 | 10.0 | 11.1 |

数据来源：贵州省统计局。

## （四）美在农家——农村人居环境持续改善

农村风貌得到显著改善。一是农村厕所革命初显成效。全省"十四五"期间累计新（改）建农村户用卫生厕所62万余户，其中2023年15万户，2022年22万户、2021年25.6万户。二是农村生活垃圾处理体系日趋完善。截至 2023 年底，全省所有行政村具备农村垃圾收运能力，30 户以上自然村寨生活垃圾收运处置体系覆盖率达 70%，较 2022 年提高 10%。三是农村生活污水治理有效推进。2023 年，全省完成了 485 个行政村农村生活污水治理和 17 条农村黑臭水体整治任务，农村生活污水治理率达到 20.9%。四是村容村貌稳步提升。开展"美丽家园·美丽庭院"模范乡村建设，评选出贵阳市贵安新区场边村等 10 个模范乡村。黔南布依族苗族自治州荔波县等 3 个县获评"2023 年度全国村庄清洁行动先进县"。

农村基础设施日趋完善。一是农村供水保障水平逐步提升。2023 年全省新建成农村供水工程 630 处，农村自来水普及率达到 91.2%，高于全国 1.2 个百分点（表 7）。二是农村道路进一步完善。2023 年，全省农村公路总里程达 18.5 万公里，路网密度达 105 公里/百平方公里，硬化率达 96.13%，97.6% 的县（市、区）城乡客运一体化发展水平达 4A 级及以上，建制村通客运和快递服务覆盖率达 100%。三是农村数字基础设施建设水平持续提升。实现全省行政村通光纤宽带、30 户以上自然村通 4G 网络、乡镇通 5G 网络"三个 100%"、行政村 5G 通达率达 76%、自然村 4G 网络覆盖率达 99%。四是农房质量安全更有保障。2023 年实施农村低收入群体危房改造 10 140 户，农房抗震改造 20 434 户。

表 7　2018—2023 年贵州省农业农村基础设施建设情况

| 年份 | 2018 | 2019 | 2020 | 2021 | 2022 | 2023 |
|---|---|---|---|---|---|---|
| 农村自来水普及率（%） | 88.2 | 90 | 90.2 | 90.4 | 90.8 | 91.2 |
| 农村用电量（亿千瓦时） | 98.4 | 104.9 | 117.1 | 168.0 | 164.2 | 186.5 |
| 农村互联网宽带接入用户数（万户） | 164.1 | 177.2 | 224.3 | 372.2 | 430.7 | 512.5 |
| 每百户农村居民移动电话拥有量（部） | 287.5 | 298.7 | 301.2 | 312.8 | 319.8 | 313.8 |
| 每百户农村居民计算机拥有量（台） | 11.1 | 13.5 | 13.4 | 11.0 | 12.1 | 11.5 |

数据来源：中国统计年鉴、贵州省统计年鉴、贵州省宏观经济数据库。

# 三、农村社会事业发展面临的问题和应对建议

## （一）追赶之路：富在农家有挑战

一是农民收入水平有待提高。2023 年贵州农村居民可支配收入为 14 817 元，低于全国平均水平 31.7%，农民收入水平仍与国内发达地区有差距。二是社会保障水平亟待提升。2023 年贵州城乡居民基本养老保险基础养老金最低标准仅为 113 元/月，低于四川（128 元/月）、浙江（180 元/月）；贵州全省农村低保标准为 505.6 元/月，低于四川（533 元/月）、浙江（1 149 元/月），仍需进一步提升保障水平。三是农村"一老一小"服务短板较为明显。贵州作为劳务输出大省，大量青壮年劳动力外出务工，农村地区"空心化"明显，"一老一小"关爱服务体系不够健全。农村养老服务保障水平相对较低，医疗预防、养老保健、休闲娱乐等养老服务发展滞后。农村留守儿童的教育、心理和生活问题未能得到有效解决。社会支持体系不完善，社会组织和志愿者对留守儿童的关爱和帮助不足，难以形成有效的支持网络。

## （二）人才之渴：学在农家存困境

一是义务教育城乡资源配置有待进一步优化。乡村教师总量不足，体育、美术等学科教师仍然紧缺。相较城市，乡村教师在教学条件、教学水平、生活环境等方面相对落后，乡村教师"下不去""留不住""教不好"等难题有待破解。在办学条件上，乡村学校校舍总面积不足，体育、艺术等教学场地设施不完善，个别乡村学校的校舍年久失修，设施陈旧，甚至存在安全隐患。二是医疗卫生人才匮乏。2023 年，贵州共有村卫生室 1.9 万个，占全省医疗机构总数的 63.9%，而乡村医生与卫生员总量为 2.33 万人，仅占全省卫生人员的 5.4%。同时，在全省村卫生室工作人员中，仅有

5 659 名执业（助理）医师、666 名助理护士。

## （三）文化之缺：乐在农家存瓶颈

贵州作为多民族聚居的省份，拥有丰富多彩的民族文化和乡村文化，随着城镇化持续推进，大量的青壮年劳动力从乡村流向城市，传统乡村文化和民俗文化发展受到冲击。例如，在高增村、纪堂村等侗族传统村落中，几乎看不见青壮年穿着侗族服饰，许多居民将传统的木房改为砖房，侗族传统木结构营造技艺也难以传承。同时，织布、绣花、银饰等手工艺品是贵州少数民族文化的重要组成部分，但年轻一代对学习这些技艺缺乏兴趣，一些传统手工艺面临失传风险。

## （四）美化之艰：美在农家有难题

一是村民的主体意识不强。部分村民还未建立起保护环境的良好观念，还有部分村民认为维护环境卫生是政府的责任，缺乏自觉维护环境的意识和行为。在某些村庄，还存在污水乱排、垃圾乱丢的现象。二是山区污水治理难度大。许多村庄位于山区，铺设污水管网成本高且施工难度大，污水处理工作进展缓慢。

下一步，发展农村社会事业应贯彻以人为本的发展理念，着力于满足农民群众最关心、最直接、最现实的需求，持续巩固和提升"四在农家·和美乡村"建设成效，不断促进农业提质增效、农村和美宜居、农民富裕安康。

一是多方发力破瓶颈，增收致富启新篇。培育壮大天麻、肉牛、刺梨、辣椒等特色农产品，打造贵州特色品牌，巩固提升茶、辣椒、竹等农产品加工业，延长农业产业链。利用红色文化、青山绿水、民俗多样等天然优势，推动乡村旅游与红色旅游、绿色旅游、民俗旅游等融合发展，让文化产业赋能乡村振兴。加速乡村一二三产业融合发展，创造更多乡村就业岗位，实现产业发展带动就业、就业带动增收。加快推动大型易地扶贫搬迁安置区融入新型城镇化，增加搬迁人口就业机会，提高农民收入。

二是多元深耕补短板，启智育才筑未来。聚焦贵州山地村庄分散带来的义务教育普及难点，有效统筹财政预算资金，持续改善农村办学条件。增加学习教具、用具、设备的采购和投入，加速农村义务教育现代化、数字化。改进教师编制规划，增加乡村教师招聘、特岗教师支教数量，提升乡村教育师生比；适度扩大计算机、艺术、体育等学科教师招聘规模，优化师资队伍。推进特色工匠培训工程，做强一批民族特色职业技能服务品牌。加大对返乡下乡人员、新型农业经营主体带头人、农村妇女、有劳动能力的低收入人口等的培训，持续发掘技术水平高、传统手艺好的"土专家""田秀才"，扩大"乡土人才库"。探索职业院校农业相关专业"产学研"合作机制，提升职业院校毕业生技能水平。有序引导大学毕业生到乡、农民工返乡、企业家入乡，组织引导法律、教育、卫生、科技、文化、社会工作、精神文明建设等领域人才到基层一线服务。

三是公共服务强关爱，文明有序树新风。加强村卫生室建设和医疗设备配备，提升村级医疗卫生服务便捷化、智能化水平；保障乡村医生待遇，推广医务人员县聘乡用、乡聘村用制度，全面实施医学类大学生免试申请乡村医生执业注册政策，提升乡村医疗保障水平。针对"一老一小"特殊群体需求，升级改造现有农村养老服务设施，为农民群众提供日常照护、餐饮配送、家居清洁等服务，促进农村养老服务发展。依托留守儿童关爱救助保护安全网和"儿童之家"留守儿童服务中心等，聚焦农村留守儿童生活、教育、医疗等方面，不断完善关爱服务措施，提升关爱服务质量，促进农村留守儿童全面发展。深入开展学习贯彻习近平新时代中国特色社会主义思想主题教育，弘扬社会主义核心价值观，常态化开展文明实践活动，实施农村移风易俗综合治理，修订完善村规民约，树立文明健康乡村风尚。

　　四是精雕细琢焕村容，生态宜居绘盛景。将农村厕所改造、生活污水治理及乡村振兴示范点建设等关键任务一体规划，选用经济适用科学合理的治理模式，实行一村一方案，促进农村改厕与生活污水治理有效衔接。结合贵州农村聚居分布广，占地面积大，生活垃圾污染源分散等特点，因村施策，采取城乡一体化处理、集中式处理、有机垃圾就地及时资源化处理等方式，持续提升农村生活垃圾处理能力。将村容村貌提升作为农村人居环境整治的重要方面，统筹推进村庄公共环境建设，推进乡村绿化美化，持续提升人居环境舒适度。

**图书在版编目（CIP）数据**

中国农村社会事业发展报告. 2024 / 农业农村部农村社会事业促进司，农业农村部农村经济研究中心编. 北京：中国农业出版社，2025. 3. -- ISBN 978-7-109 -33120-4

Ⅰ. C916

中国国家版本馆 CIP 数据核字第 2025FQ0461 号

中国农村社会事业发展报告（2024）

ZHONGGUO NONGCUN SHEHUI SHIYE FAZHAN BAOGAO (2024)

中国农业出版社出版

地址：北京市朝阳区麦子店街 18 号楼

邮编：100125

责任编辑：赵　刚

版式设计：王　晨　责任校对：吴丽婷

印刷：北京中兴印刷有限公司

版次：2025 年 3 月第 1 版

印次：2025 年 3 月北京第 1 次印刷

发行：新华书店北京发行所

开本：700mm×1000mm　1/16

印张：11

字数：143 千字

定价：88.00 元